体教融合背景下学校体育教学工作改革与青少年健康研究

石华军◎著

吉林大学出版社

·长春·

图书在版编目（ＣＩＰ）数据

体教融合背景下学校体育教学工作改革与青少年健康
研究 / 石华军著 . -- 长春 : 吉林大学出版社 , 2024.
6. -- ISBN 978-7-5768-3462-8
Ⅰ . G633.962；G479
中国国家版本馆 CIP 数据核字第 2024XR1577 号

书　　名	体教融合背景下学校体育教学工作改革与青少年健康研究

作　　者　石华军　著
策划编辑　殷丽爽
责任编辑　殷丽爽
责任校对　李适存
装帧设计　守正文化
出版发行　吉林大学出版社
社　　址　长春市人民大街 4059 号
邮政编码　130021
发行电话　0431-89580036/58
网　　址　http:// www. jlup. com. cn
电子邮箱　jldxcbs@ sina. com
印　　刷　天津和萱印刷有限公司
开　　本　787mm×1092mm　1/16
印　　张　11.25
字　　数　200 千字
版　　次　2025 年 3 月　第 1 版
印　　次　2025 年 3 月　第 1 次
书　　号　ISBN 978-7-5768-3462-8
定　　价　72.00 元

前　言

　　20 世纪 80 年代，我国便提出以体教结合培养竞技体育后备人才，经过几十年的摸索实践后取得了一定成果。随着我国竞技体育事业走向一个新的发展阶段，我国体育管理改革进一步深化，体教结合的人才培养模式也得到了同步提升，即体教融合。体教融合的基础是教育，这既是实现全民健康的基石，也是实现中国竞技体育发展的必由之路。其根本意义在于改变体育部门和教育部门的封闭状态，在一定区域经济和社会发展的背景下，将体育和教育事业融合，促进学生的全面发展。要打破体育、教育的局限，体教双方就要共同培育高水平教师、教练，共享人才、设施资源。相信随着体教融合的深入开展，一定会实现体育强国、教育强国建设同频共振。

　　本书内容分为七章，第一章为学校体育的概述，主要内容包括学校体育的发展与现状、地位与目标、结构与功能；第二章介绍学校体育从体教结合到体教融合的新转变，主要内容包括体教结合的概述、体教结合发展新趋势——体教融合、体教融合转变策略及体教融合下学校体育工作改革的 SWOT 分析；第三章介绍体教融合背景下学校体育教学工作改革，主要内容包括体教融合背景下学校体育教学内容改革、学校体育教学方法改革、学校体育教学模式改革和学校体育教学评价改革；第四章介绍体教融合背景下学校体育课程思政的改革，主要内容包括体教融合背景下学校体育课程思政的设计及学校体育课程思政的实施策略；第五章介绍体教融合背景下学校体育学科建设的发展，主要内容包括学校体育学科建设概述、学校体育学科建设分析及体教融合背景下体育学科基地教研共同体的建设；第六章介绍体教融合背景下学校体育教师工作的发展，主要内容包括学校体育教师的地位与作用、职业特点与专业素养，现阶段学校体育教师发展存在的问题及学校体育教师的发展策略；第七章介绍体教融合背景下青少年的健康发展与体育后备人才培养，主要内容包括体教融合背景下青少年身体健康与发展、心理健康与发展、道德人格健康与发展及体育后备人才的培养。

在撰写本书的过程中，笔者参考了大量的学术文献，得到了许多专家学者的帮助，在此表示真诚感谢。本书内容系统全面，论述条理清晰、深入浅出，但由于作者水平有限，书中难免有疏漏之处，希望广大同行及时指正。

作者

2024 年 1 月

目 录

第一章　学校体育的概述

体育教学是一种有目的、有计划、有组织地对学生传授知识和技能、发展智力和体力、培养品德和形成个性的教育过程。现代学校体育教学的质量直接关系着我国未来人才的质量，是影响国家建设的大事，因此必须得到足够的重视。

第一节　学校体育的发展与现状

大约在春秋时期，我国就已经有了和学校体育教育相关的内容，如"六艺"中的"射、御、乐"，但总体来说，在封建社会时期，我国学校中的教育还是以四书五经为主，重文轻武。而且封建社会的"体育"往往并不是为了强身健体，更重要的是为统治阶级服务，选拔和训练军事人才，算不上是真正的体育教学。到了清朝末年，我国开始学习国外，各种新式学校兴起，体育课程（当时称体操）才真正地进入人们的视野。因此，我们要讲学校体育的发展，最好是从近代开始讲起。

一、中国近代学校体育的发展

（一）近代学制建立之前的学校体育

1. "废科举、兴学堂"以前的学校体育

清朝重骑射，无论是文科还是武科，都必须会骑射才能被录取。清朝贵族学校的传统体育教育，就以八旗子弟的骑射为标志。清朝时期的"武科举"是选拔军事人才的一种考试，应试者通过自身的武技来获取功名。清朝当时各个地方都设有专门的用来学武术的机构，如武学馆。这些机构为那些想要获取功名的人提供了学习武艺的机会。武举考试包括童试、乡试、会试、殿试，逐层递升，每一个考试都有三场，内容包括马步、射弓、刀石，内场考试内容为古典军事理论等。

2. 洋务派兴办学堂时期的学校体育

为了挽救晚清政府，一些官僚们提出要学习西方，师夷长技以制夷，这些官僚们被统称为洋务派。他们学习西方的先进教育经验，然后将其引入中国，设立"中学为体、西学为用"的教育模式，试图以这样的方式来使清政府强大起来，维护和稳定其统治。他们在学堂中设置体育课程，开设体操课程，打破了我国无体育课程的传统，为近代中国体育课程的形成奠定了基础。

除了语言课堂，洋务学堂的其他学堂课程主要以"西艺"学习为主，其着重学习西方的战术策略，训练洋操，仿制西方的机器和洋炮，同时借鉴西方先进经验，强大自身，培养优秀的军事人才。军事技术学堂的主要目标是培养军工类的专业技术人才，有些学堂在课程中加入了体操科，这就类似于现在的体育课。例如，福建船政学堂就加入了体操科，学生在进入学堂之后，通常首先接受日常的普通课程的学习，随后逐步进阶到更专业的学科，并学习如兵操、射击等技巧。该教学制度采用的是"一师制"，也就是说，除了中文和兵操，每个班级的所有课程都由单一的教师教授，他们负责全部授课。每到课余时间，学生都要进行实际操练，而且当他们即将毕业的时候还有专门的实习机会。

3. 维新运动时期的学校体育

随着清政府越来越腐败，许多先进知识分子认识到了这一现状，他们开始宣扬西方资产阶级新思想，倡导西方资产阶级的观念和改革手段，渴望通过变法来改变这种腐朽落后的现状。这一时期，最为著名的莫过于维新运动（也称为戊戌变法）。维新运动时期专门设立了"新式学校"，其主要教授德育和智育的相关内容，除此之外，它还将西式体操内容纳入教学纲要，重视对学生的体育教学，京师大学堂就是此类内容的典型代表。京师大学堂有专门的体育课程，学生要按照规定进行体育锻炼，完成相应课程活动要求。尽管戊戌变法未能成功，除京师大学堂以外的其他改革措施都被废止，但是它还是在一定程度上促进了我国学校体育教育的发展。

4. 教会中的学校体育

清政府腐败落后，无法与其他国家相抗衡，在战争中一次又一次的失败，中国国门被打开，这时候很多西方传教士纷纷来到中国，并在这里建立了专门的教会学校，以推广其宗教思想。这些教会学校对于课外活动和体育教学十分推崇，引进了许多先进的体育器材和设施，并鼓励学生多多参与体育项目，以增强体质，锻炼身体。当时，往往是教会学校先行开展体育竞赛项目之后，其他性质的学校才逐渐普及开来。教会学校内的学生在上体育课期间必须穿体操服，当然在那些专门体育课程中可以除外。另外，教会学校内的学生不能随意请假，必须得到上级批示之后才可以离校，学校内部设有校医室，当学生有病症的时候便可以前往校医室诊治，当时教会学校内的学生还要进行体检等，这些都促进了之后的我国体育教学事业的进一步发展。

（二）近代学制建立后的学校体育

壬寅学制和癸卯学制的颁布，标志着我国近代学制的建立，几乎所有的学校都设置了体操科，并规定了学时和内容要求。此外，还颁布了相关的学堂章程并将学堂分为文科和实科（我国现代文理科的雏形），体育教学内容以柔软体操和兵式体操为主。

在壬寅学制—癸卯学制时期，学堂开设的体操课程一周为3课时，占比较少，并随着学段的升高，体操课程的比重进一步减少。体操内容有普通体操、有氧运动和兵式体操。普通体操有准备法、徒手操等；兵式体操有个人教练、野外演习等。两种体操的学习内容和方法如出一辙，比较单调，并且体育教学对象只面向男生，直到《女子小学堂章程》和《女子师范学堂章程》的颁布，女子教育以官文文件被列入学制。

此外，这时的学校体育教学带有浓厚的军事色彩，主要是效仿日本的体育教学制度，学制、课程目标、内容甚至是口令都是照搬，这也是当时的社会环境所迫。此时的学校体育教师主要由退休的退伍军人担任，但这些教师并没有系统地学习普通体操课的专业内容，导致部分学校的教学过程流于形式，普通体操逐渐被兵式体操所替代。

（三）壬子学制—癸丑学制时期的学校体育

在"壬子—癸卯学制"时期，随着清朝统治的结束，一系列新的教育制度得以建立。这一时期的学校都开设了体操课，女生也有了学习体育课程的权利，并且不需要学习兵式体操，课程内容以普通体操和兵式体操为主。在中小学堂中，体育以游戏的形式为主，体操教师仍以退休士兵为主，课程内容借体操的外衣行军事训练之实。

民国初期的体育课程，实际是对清朝体育课程的沿袭，效仿的都是日本的体育课程教育模式。后来越来越多的仁人志士认识到照搬西方的教育模式是不可取的，学校的体育内容有了新的变化，具体如下。

第一，体育教学内容以《中华新武术》为基础，加强对武术的研究。

第二，引进西方先进的体育设施。

第三，对研究人员进行激励，将研究成果应用到实践。

第四，注重课外活动，优待体育教师。

第五，对学生的体操学习成果和教师教学水平进行考核（包括知识技能的掌握和精气神等方面的状态）。

在这一阶段，学校的体育呈现"双轨制"特征，除了练习普通体操和军事体操，还引入了以田径和球类为主的课外运动项目，丰富了体育内容，推动了近代体育的发展。

（四）壬戌学制时期的学校体育

壬戌学制的颁布，确立了新的教育宗旨和教育标准，具体如下。

第一，适应社会发展的需要。

第二，弘扬平民教育。

第三，实现民众的个性发展。

第四，推动国民经济。

第五，重视生活教育。

第六，推动教育的普及。

第七，地方教育结合实际进行调整。

事实上，壬戌学制效仿的是美国的"六三三学制"，我国的体育教学发生重大变革，进入了新时期。

自此，学校体育的体操科改为体育科，中小学的兵式体操内容被剔除，体育教学内容以球类、游戏和普通体操为主。但是，由于田径和球类体育竞赛在当时十分盛行，导致部分学校的体育教学内容面向的是少数学生，旨在培养专业的运动员，没有得到全面普及。

壬戌学制反映了当时西方的新自然主义教育思潮，重视人的个性发展，并要求以儿童为中心。体育教学的内容除近代传统体育项目以外，还包括了现代生理卫生与保健知识，在各个学段都提出了相应的体育课程目标并认为体育运动必须遵从儿童的本性，以发展儿童的个性。在中学阶段，学校实行了分科选科制、学科和学分制，在一定程度上增强了学校课程教学的适应性和灵活性。这一系列的改革措施都可以促进学生的身心健康发展，但是这一时期的体育教学模式仍是对西方先进国家体育模式的照搬，忽视了国内的现状，呈现"全盘西化"的特点，体育教学内容过分强调娱乐性和个人的自由发展，阻碍了我国体育的进一步发展。

（五）"体育课程暂行标准"时期的学校体育

这一时期修订了相关的体育教学内容。中小学的课程和实施计划有了更加细致的规定，并颁布了《小学体育课程暂约标准》《初中体育课程暂行标准》《高中体育课程暂行标准》，这些文件总括为"暂行课程标准"，是我国历史上第一部以学科形式颁布的中小学体育课程标准，首次将"体操课"改为"体育课"，体育课程分为课内和课外两部分，并规定了课时要求。

在"体育课程暂行标准"中，详细阐述了体育课程目标、作业项目、课时、学分、毕业标准等内容，体育教学时间有所增加。到了高中阶段，取消文理分科，开设选修和必修科目，在各个学段开设相关课程。

这一时期的体育课程目标在于强身健体，提高学生的身体素质和基本的体育能力，培养体育运动习惯，帮助学生树立正确的集体观和人生价值观。教学内容包括球类、田径和器械项目，根据不同阶段的学生不同的身体素质，采用分组上课的教学方式，是体育教学发展史上的一大进步。

（六）"正式课程标准"时期的学校体育

民国政府颁布了一系列课程标准文件，被统称为"正式课程标准"。在初高中阶段，学分制变为学时制，初中将综合课程变为分科课程，高中取消选修课程，强调了以升学为主的目的。小学体育教学时长增加，田径运动、远足和登山等安排到小学体育教学内容当中，明确提出每天需要有必要的个人和集体活动。

（七）"修正课程标准"时期的学校体育

这一时期颁布的中小学课程标准文件被统称为"修正课程标准"。由于当时各学校反映学生的学业负担过重，课程内容难度较高，导致各学段的教学时间和内容相应减少。体育课程变化体现在以下四个方面。

第一，教学总时长缩短。比如初高中体育课程由原来的每周 3 课时减至每周 2 课时。

第二，小学低年级的"体育"和"音乐"合并为"唱游课"。

第三，中小学阶段的体育成绩考核方式趋于规范，规定每年至少一次体格检查，同时将考核成绩进行记录。

第四，培养高中女学生的军事看护技术和应用能力。

（八）"重新修正课程标准"时期的学校体育

1938 年，《战时各级教育实施方案纲要》被颁布，倡导教育应当"文武并重"，以适应军事战争的需要。体育教学目标确定为"平时为自强，战时为卫国"，这一时期的学校推行军训和童子军训练，提高学生的体能水平并强化学生的劳动服务意识。课程增加了与抗战救国的相关内容，中小学体育课程的变化体现在以下三个方面。

第一，小学时期的教学时长略微增加，"唱游课"改为分科教学。

第二，将中学体育教学时长控制在合理范围内，规定了"早操""课间操"等相关内容。

第三，中学生体育课程要求提高学生的生活和国防技能，高中设置军事训练课程，以满足战时的需要。

在近代时期，我国体育教学在不同的时期呈现的特征也有所差异，从总体上看，一系列的体育教学改革推动了我国体育教育的近代化进程，为现代体育教育的发展奠定基础。

二、中国现代学校体育的发展

（一）第一次课程改革时期的学校体育

中华人民共和国成立后，百废待兴，教育部颁布《小学体育课程暂行标准（草案）》，是中华人民共和国成立后首个体育课程标准，包括体育教学目标、纲要和要点等内容。

在体育教学目标中，强调提高儿童的身体健康水平，以服务于国家的事业建设；教材纲要包括舞蹈、游戏、技巧运动、球类运动、田径等；考虑到不同学校的资源条件，在保证基本体育活动的基础上，由学校自行调整体育课程内容。

（二）第二次课程改革时期的学校体育

这一时期，国家体委和教育部要求致力于体育课程改革，将体育正课、课外活动、早操、运动竞赛等集合起来，同时体育课应当成为必修课，列入学校工作计划当中。中小学体育课程教学目标、教材和考核方式的确立，在一定程度上提高了体育学科的地位。

在第二次体育课改时期，设置体育课程，旨在提高学生的基础体育知识和技能，以满足正常生长发育的需要。同时，教学计划更加全面、系统，结合学生的实际情况，在体育课程目标的指导下开设相应的体育课程内容，学校的课外体育活动成为体育课程的重要部分，以自愿参加为原则，内容丰富，活动形式以"劳卫制"为主。此外，还开设了群众性的体育竞赛和训练项目。自此，中小学阶段的体育教学目标和内容得以确立。

在体育课程教材的安排上，根据学生的年龄差异和身心状态特点，在各个学段开设了不同的体育教学内容。在小学阶段，体育教学内容以基本体操和游戏为主；在中学阶段，体育课程包括基本教材和补充教材，前者是所有学校必须贯彻的内容，后者是各地区根据自身的条件进行选择；在高中阶段，体育教学内容深度有所拓展，且教材根据男女生的差异分别编排。

针对体育与运动课的考核，要求学生必须掌握体育运动教学大纲规定的基本知识与技术，以增强身体素质，同时规定了中学生必须在毕业之前达到"劳卫制"少年级的及格标准，高中生在毕业之前达到"劳卫制"级别的及格标准，并规范了学分规定。

（三）第三次课程改革时期的学校体育

20 世纪 60 年代，受当时历史环境影响，体育课程也随之发生相应的变化，其课程学制缩短，课程精简。

第一，学校体育出现"以劳动代替体育""以军训代替体育"的现象。师生频繁参加劳动，部分中小学出现"以劳动代替体育"的情况；在兴办民兵师的过程中，不少学校"以军训代替体育"。以上做法没有考虑体育学科的特殊性，有违体育教学客观规律，对体育教学产生重大影响。第二，学校体育受自然灾害的影响。20世纪50年代末60年代初，人民生活较为困难，体育课程也被搁置。在这样的背景下，大部分学校降低体育活动要求，一些学校将体育教师调去其他岗位或调离本校；部分学校的体育场地被用来种植农作物。对此，中共中央明确提出"文化教育工作必须贯彻'调整、巩固、充实、提高'的方针"，确保教育质量，并出台了一系列指导性文件，如《中共中央关于讨论试行全日制中小学工作条例和对当前中小学工作几个问题的指示》，明确当前中小学教育重心在于为社会主义建设事业培养劳动后备军和高一级学校培养合格新生，要求各地中小学在教育部统一制订的教学计划、教学大纲下开展教学工作，贯彻落实教学原则。在中小学教育教学改革方面，教育部就"精简课程、改进教学方法和考试方法"展开了一系列会话，为今后的教学工作提出了两个方向：其一，贯彻"少而精"的原则；其二，采用启发式教学方法，坚持学以致用的原则。在"调整、巩固、充实、提高"的指导方针下，各地学校体育进行了一系列改革：在1961颁布的十年制《小学体育教材》和《中学体育教材》中，增设了增强学生体质的体育课程目标，建立起一套相对系统的体育教材内容体系；首次设置体育选修课程，将武术作为教学内容之一等。在体育课程实施方面，强调体育教学工作以增强学生体质为出发点，建立起面向全体学生课内外一体化的"两课、两操、两活动"（两课是指每周两节体育课；两操是指每天一次早操和课间操；两活动是指每周两次课外活动）的体育教学模式。

（四）第四次课程改革时期的学校体育

第四次课程改革时期，在特殊的社会背景下，教育事业受到不同程度的破坏，正常的教学秩序受到冲击，全国大多数学校都取消了体育课程，课外体育活动受到较为严重的限制。1969年5月，在《人民日报》上发表了《农村中小学教育大纲（草案）》之后，中小学的课程设置将体育课更改为军体课，还编写出版了军体课教材，其中内容包含了大量的军事动作，体育的基本教材内容被大幅度削减。直到在周恩来的指导下，中小学的日常教学活动得到恢复，此后中小学的日常教学活动逐渐走向正轨。

（五）第五次课程改革时期的学校体育

1978 年，我国颁布了《全日制十年制中小学教育计划（试行草案）》，体育课程以全日制的形式得以确立下来。《国家体育锻炼标准》指出，中小学生必须在体育教育的过程中，逐步掌握最基本的运动基本知识与技术，以增强他们的身体素质，体育与课外活动逐渐恢复。

1978 年，我国颁布了《全日制十年制学校中小学体育教学大纲（试行草案）》，明确体育课程要满足学生的生长发育需要，合理安排体育教学内容，帮助学生培养良好的体育运动习惯，为社会主义事业建设培养优秀的现代化人才。《全日制十年制学校中小学体育教学大纲（试行草案）》的颁布，明确了体育教学目标，要求体育教材能够达到增强学生体质的基本要求，体育运动要坚持适度的原则，训练强度也要适中，体育教材的编排要打破"以运动竞赛为中心"的课程体系，体育教学面向全体学生，促进了体育教学的普及和发展。此外，中小学体育教材中理论部分比重有所增加，并制订了相应的考核标准。

（六）第六次课程改革时期的学校体育

这一时期的体育课程制度改革，稳定了体育教学课程形势，规定了相应的课时和学时安排，颁布了相应的条例来确保学生每天必要的课外体育活动的顺利开展。学校体育教学目标遵循"1 个目的、3 项基本任务"的指导思想，要求体育教学推动学生德、智、体、美等素养的全面发展，为提高国民整体的素质奠定基础。体育教育内容首次提出了"终身体育""尊重学生个性发展""满足生活娱乐需要"等思想理念，同时增加了选用教材的占比，引进了与时代相适应的"韵律操和舞蹈"。

对于体育成绩的考核评估，打破了传统单一地强调提高运动能力的考核方式，学生的学习态度、理论知识笔试、身体素质和运动技能等方面被纳入考核的范畴，考核更加全面。

（七）第七次课程改革时期的学校体育

随着《中华人民共和国义务教育法》的颁布，在《九年义务教育教学计划》

的指导下，中小学的体育教学大纲得以确定，体育教学纲要明确指出，体育教学需要服务于 21 世纪的社会主义现代化建设，核心宗旨在于"育人"。体育教学目标继续沿用"1 个目的，3 项基本任务"，不同的学段设置不同的体育教学目标任务并选用不同的教材，自上而下构建了系统的体育教学目标体系。

体育课程内容分为理论和实践两个板块，在此基础上将教材分为通用型和选用型，进一步强调提高学生身体素养的重要性，同时将传统的武术、养生和健身等内容纳入课程。

（八）第八次课程改革时期的学校体育

在第八次学校体育课程改革时期，为了衔接《中华人民共和国义务教育法》，政府出台《全日制普通高级中学体育教学大纲（供试验用）》，体育教学目标不再沿用"1 个目的，3 项基本任务"，而是明确学校体育教学目的：（提升学生体能水平，愉悦身心；培养体育习惯，树立"终身体育"意识；培养健全的人格。体育课程内容分为必选和任选，对考核指标和方式进行限定，构建起相对完善的体育教学体系。

进入 21 世纪，我国颁布了中小学和高中的《体育与健康教学大纲》，并在全国范围内落实。大纲要求树立"健康第一"的思想意识，强调学生的主体地位，构建了完整的、系统的体育与健康目标体系和课程结构。小学体育教材内容的选择分为三个阶段，以增加体育教学的弹性和灵活性。考核标准取消百分制，实行"优秀、良好、及格和不及格"四级制，考核增加学生的自评和互评环节，评价更加全面和客观。

为了构建符合素质教育要求的基础教育课程体系，我国致力于基础教育课程改革，改革内容在全国进行试点，制定出一系列新的课程标准。在"健康第一"的指导理念下，新体育教学目标要求学生树立终身体育意识，实现学生全面发展。同时，体育与健康课程以学生的身体练习为手段，以提高学生的身体素质为目的，这是实现素质教育和培养现代化人才的内在需要。体育课程内容分为"运动参与""运动技能""身体健康""心理健康""社会适应"五部分，在遵循学生认知规律和身体发展规律的基础上，设置相适应的体育领域目标，逐渐构建起以领域目标为主导的体育课程内容体系。

此外，体育学习方式以自主学习、合作学习和探究式学习为主，注重在教学的过程中培养学生的人文素养，帮助学生树立正确的世界观。教学评价兼顾终结性评价和过程性评价，对学生的学习情况分析更加全面，在此基础上调动学生学习体育的兴趣爱好，树立自主锻炼的良好习惯。体育课程管理模式采取国家、地方和学校三级管理体制，地方和学校有了更多的权力和积极性去开发和创新体育课程。

在"健康第一"的指导理念下，新版体育课程标准将着重培养学生的身体素质和学生的体育兴趣，为学生建立终身运动意识做铺垫。中学的体育运动教学内容集基础性、实践性和综合性于一身，是学校进行素质教育和培养德智体美劳全面人才的重要途径，因此中学体育运动课程一般包括必修和选修两部分。

（九）第九次课程改革时期的学校体育

与第八次课程改革的学校体育教学相比，第九次体育教学改革的基本理念和思想基本保持不变。经过分析一线体育教师和专家等提出的建议后对体育课程内容进行了补充和完善。

1. 课程名称的变化

小学阶段的体育课程与中学阶段衔接，"体育"改为"体育与健康"；体育课程标准统称为《体育与健康课程标准》。

2. 课程性质的界定和发展

推进课程教学改革更深入发展的前提就是掌握好教学的基本性质与特征。体育与健康课程内容以体质锻炼为主，以体育与健康基本知识和技能为重点，课程目标是培养学生的身体素质和终身体育锻炼意识，运动教学的内容有所扩展，由此建立起体系的运动与健康课程标准，提升课程效果。

3. 课程目标的发展变化

结合体育课程性质、特点和现实意义，确定了课程总目标和具体的目标要求，避免内容的笼统和空泛，帮助体育教师在具体的目标指导下开展体育教学工作，采用多样的教学手段和教学形式实现体育教学目标。立足于课程目标的指导思想，以"提高运动技能、增强体质、快乐和终身体育"为主的课程目标思路得到进一步的发展和完善。在发挥体育课程功能的同时，彰显了体育与健康的核心价值理念。

4. 课程内容的变化

一个科学的课程内容体系，是支撑整个课程目标体系的框架，指导教学工作顺利开展的基础。为了进一步增强课程内容体系对教学的指导作用，新课程标准从课程的性质、目标等角度入手，对课程内容进行了完善。

第一，"内容标准"改为"课程标准"。

第二，体育课程内容以"运动参与""运动技能""身体健康"等目标为统领。

5. 课程的指导性和可操作性增强

新课程标准在课程内容后增加"要点评价"和"评价方法举例"，有效增强了教学的可操作性。

6. 调整课程内容的编排

体育课程学习目标和内容按照学生学习水平进行编排，方便了体育教师的教学。

7. 强调健康教育

新课程标准要求各地结合自身的实际情况和气候特点，自主选择体育教学的课时，保障学生的体育与健康课程顺利进行。此外，还对体育课程教学的具体内容方面进行了细致的规定，这一系列的课程改革措施都推动着我国现代体育教育的深入发展。

三、学校体育发展现状

随着时间的推移，社会的发展，我国已经进入了一个新的历史时代，在新的历史时代下，教育变革刻不容缓。要培养真正的符合社会需要的社会主义建设者和接班人，就必须从德育、智育、体育、美育、劳动教育入手，使它们互相配合，发挥协同育人机制，促进学生的德智体美劳全面发展，不可过分偏颇，也不可将这五者割裂开来。在教育强国目标的引领之下，我们要改变教育发展观念，单纯追求数量增长和规模扩大的教育观念已经不适应现代社会的发展，要从旧的教育观念转向更深入的内涵式发展。要把目光从对学生分数、升学率的片面追求，转向追求学生的全面发展上来，转向针对学生成长过程中出现的突出问题、人民对教育现状的不满及学校教育的不足上来，同时在这个基础上建立科学的教育发展观和教育政绩观，完全改变学校教育存在的"长于智、疏于德、弱于体美、缺于劳"的现状。

在教育过程中，体育与德育、智育、美育、劳动教育同样重要，它不是文化课学习的陪衬，更不是学生成长过程中的点缀，而是学生学有所成的基础与保障，学生只有有了一个健康的身体，才能够去做自己想做的事情，实现自己的理想和目标。要真正地做到教育强国，就要促进学生的全面发展，而这离不开对学生的体育教育，学校中的每一个教育工作者都应该有这样的共识。要实现教育强国目标，就要弥补学校教育中的不足，这对于学校体育来说，不仅是一次考验，更是一个难得的机会。

（一）幼儿园体育教学现状

我国《幼儿园工作规程》规定，幼儿园应当积极开展适合幼儿的体育活动，充分利用日光、空气、水等自然因素以及本地自然环境，有计划地锻炼幼儿肌体，增强身体的适应和抵抗能力。正常情况下，每日户外体育活动不得少于 1 小时。但就我国目前的幼儿体育教育实施现状来看，缺乏全面、系统、连续的实施内容，有较大的盲目性，主要表现如下。

第一，当前我国的幼儿体育教育包含了走、跑、爬、攀等符合幼儿年龄特点的丰富内容，并且具有相应的场地设施。

第二，在当前的幼儿体育教育中，体育和卫生的教育严重缺乏，这主要有两方面的表现：一方面，虽然《幼儿园工作规程》中有专门针对幼儿体育和卫生教育的具体内容和要求，但在实践中并未得到落实；另一方面，由于带班教师对幼儿体育教育理论基础的掌握本身就很薄弱，导致其很难将幼儿体育教育与体育卫生教育结合起来。

（二）中小学体育教学现状

第一，在中小学的体育教学课程中，大多侧重于术科教学，内容存在"难、繁、偏、旧"的问题，不利于调动学生学习的积极性。

第二，目前，我国中小学体育教学的模式大多数比较单一，实践教学也大多数因涉及的运动项目太广而难懂，这不利于学生的全面发展，教师很难以学生的兴趣来组织课堂教学，学生也难以参与进去。长此以往，我国中小学的体育教学模式会很难适应新时期体育与健康课程教学的需要。

第三，中小学体育教师在进行授课时多数属于传习性教学，体育教师的工作常与体力、重复、传递等概念相联系。通常情况下，人们对体育教师教育工作的认识多停留在"按部就班的重复性劳动"上，没有什么技术含量，出于这种认识，体育教师的地位很低，得不到应有的尊重。

（三）高校体育教学现状

第一，高校体育的目标是"育人"，但因缺乏具体的教学内容，缺乏对学生全面素质培养的方法和手段，在高校体育教学实践中仍然表现为重视增强学生体质。

第二，高校体育过于重视基础知识的培养，忽视学生体育能力的培养，高校体育教学思想、教学体系、教学方法等大多缺乏对学生体育能力的重视。

第三，高校体育课程重视竞技体育项目，课程设置不符合促进学生终身体育观念的形成及全面推行高校学分制的要求。

第四，高校体育配套设施不健全，对雨雪天的体育教学缺乏对策。

第五，高校体育教学目标不明确，一方面过分重视学生对某项运动技能的掌握，忽视了学生的运动创造性和运动个性的发展；另一方面，缺乏对不同专业的学生开设不同体育课程的考虑。

第六，高校体育教师整体素质有待提高。我国当前高校体育教师的学历层次、知识结构层次、科研能力等都与其他学科的教师存在较大差距，他们大多属于技术型和训练型教师，一专而不多能，不利于自身及高校体育教学的进一步发展。

第二节　学校体育的地位与目标

一、学校体育的地位

学校体育融合了教育和体育两部分内容，既是教育的一部分，也是体育的一部分。作为教育一部分的学校体育与德育、智育紧密结合，其任务是为社会培养德智体全面发展的人才；作为体育一部分的学校体育是社会体育和竞技体育的基础，对社会体育和竞技体育的发展产生深远的影响。

（一）学校体育在学校教育中的地位

学校体育作为学校教育的重要组成部分，其本身包含着德育、智育等方面的全面教育任务。学校体育在学校教育中的地位是由学校体育的功能及社会发展对学校体育的要求所决定的。体育在学校教育中发挥着十分重要的作用，并与德育、智育有着十分密切的联系。

1. 学校体育与德育

学校体育与德育之间之所以具有密切关系，主要原因包括以下两个方面。

第一，体育教育教学过程的特殊性。体育教育教学过程是一个在开放环境中实施的，以身体活动为手段，以师生间、学生间多向互动为纽带，以自我超越、竞争、对抗为特征的教育教学活动。体育教育教学过程的这一特殊性，潜移默化地增强了学生之间的协作、竞争和团队意识。

第二，体育运动是在规则允许范围内的体力和智力的较量。因此，学校体育不仅能够培养学生的集体主义精神，更有助于培养学生在规则许可范围内的合理、公平的竞争意识。

对于体育课程的教学来说，无论是课内还是课外的体育活动，学生之间的相互接触、竞争、协作的机会都多于其他的课程。并且在实际的活动中，学生的思想行为更容易显露出来，这也就为学校体育培养学生的良好道德品质提供了较好的条件。学校体育对学生良好道德品质的养成作用具体表现在如下四个方面。

第一，学校体育可以培养学生的道德认知与信念，如公平、法律、规则、纪律、尊重、合作、民主、竞争等。

第二，学校体育能有效地营造一个特殊的德育环境，使学生的道德信念通过体育活动得到强化，并外化为学生具体的道德行为。

第三，学校体育能有效地培养学生的个性品质，如勇敢、顽强、对挫折的承受能力、对困难的忍受力等。

第四，学校体育还能培养学生的集体主义和爱国主义精神，以及责任感和荣誉感。这一切，不仅是学校德育教育的重要内容，也是现代人必备的重要素质。

学校体育中的德育充分体现了对学生进行良好道德教育的特点。在体育教学中可以通过制定、执行严格的课堂教学规范培养学生的规则意识;通过球类、长跑、游戏等不同项目培养学生的协作精神和意志品质等;通过及时果断地处理课堂突发事件培养学生果敢、自信的品质。教育过程中的具体方法可以采用制度要求、榜样示范、奖惩等。

2. 学校体育与智育

智力是指一个人认识客观事物和解决实际问题的能力。从心理学讲,智力包括了人的注意力、观察力、记忆力、想象力和思考力等。这主要是因为人在认识客观事物和解决实际问题时,主要是通过观察、记忆、想象、思考、判断等心理活动来进行的。虽然遗传与环境是影响智力发展水平的重要因素,但是学校体育与智力发展也是有着密切关系的。

体育运动锻炼的不仅是人的身体,还有人脑的反应能力。曾有研究表明,一个人的智力水平,与其大脑的物质结构和功能状况有密切关系。可见,大脑是人智力发展的物质基础,而学校体育就在一定程度上更好地促进了这一物质基础的发展。经常性的体育锻炼是促进大脑神经细胞发育,保证能源物质与氧气充足供应的有效手段,这就为智力的发展创造了良好的生理条件。一些游戏性质或竞技性质较强的体育活动,不仅需要良好体力的表现,同时也需要高度的智力水平。

3. 学校体育与美育

人的精神与身体是相互影响且密不可分的。即便是从"成于中而形于外"的体育美的角度来看,也充分显示出了身体的生命美、活力美、能动性美等特点。学校体育是对学生实施美育的有效途径。学生身体各部分的骨骼和肌肉都能够通过体育活动得到均衡、协调的发展,同时在培养学生的形体美、动作美、姿态美、仪态美、心灵美,以及提高其感受美、鉴赏美、表现美、创造美的能力等方面,学校体育同样发挥着重要作用。而充分发挥美的形式对学生身心健康有着十分重要的作用,能获得以美育身心的良好效果。

因此,总体来看,学校体育与德育、智育、美育是相辅相成、紧密结合和互相促进的关系,对促进学生全面发展具有重要意义。

(二)学校体育在体育中的地位

我国体育主要由三部分构成,分别是学校体育、竞技体育与社会体育,三者之间虽然各有不同，但是它们之间是密切联系的，在体育实践的发展中，它们相互联系、相互渗透，又相互补充、相互制约。学校体育是社会体育与竞技体育发展的基础，学校体育的发展变革要满足社会体育的需求，同时要通过竞技体育的精神内涵体现其文化品位和价值。

1. 学校体育与社会体育

学校体育与社会体育的对象是不同的，学校体育主要面对的是学校的学生，而社会体育主要面向的是社会大众，是专门为广大群众设计的身体锻炼活动，所有的社会群体都有资格参与其中。因此，社会体育又可以被称为"大众体育""群众体育"。社会体育活动的形式多样、内容丰富，有多种不同的分类方式。例如，按照活动场所划分，社会体育被分为企业体育、社区体育、家庭体育等，另外还可以按照职业划分，按照区域特征划分等。

尽管学校体育与社会体育存在一些不同，但是本质上都属于体育领域，它们相互关联，相互影响，共同构成了我国国民体育的重要组成部分。在学校体育教育过程中，人们培养了体育兴趣和习惯，掌握了体育技能，增强了体质，拥有了终身锻炼的意识，才乐意参与社会体育，进一步锻炼自己的身体。因此，可以说学校体育是社会体育的基础，社会教育是学校教育的延续。学校体育是社会体育的基础环节，具体来说，其作用主要表现在两个方面。

第一，学校体育培养了学生的社会体育的基础。学校中的青少年正处于身心发展的关键时期，因此体育教师要掌握学生的身心发展规律，了解学生这一时期的身心发展特点，然后在这个基础上对学生进行体育教育，这样才更加有针对性，也更加契合其身心发展规律，从而能更好地增强学生体质，促进学生身体形态、机能、素质和心理的健康发展，为学生的学习、工作和生活奠定坚实的体质基础。

第二，学校体育能培养学生终身体育的意识、习惯和能力。学校体育是一个有目的、有计划的教育过程，在这个教育过程中，学生通过学习与掌握系统的体育科学知识和技能，以及科学锻炼身体的原理和方法，一方面可以促进学生身体健康，增强体质；另一方面可以培养学生终身体育的意识、习惯和能力。终身体育的意识、习惯和能力有着非常密切的关系，学生只有认识和理解了终身体育的价值，才能更自觉地去进行体育锻炼，从而形成习惯；只有坚持不懈地进行体育锻炼，才能真正意义上培养终身体育的能力，从而更好地从事终身体育。锻炼能力主要包括自学、自练、自评、创造等能力。自学能力是指学生掌握体育知识与技能的本领；自练和自评能力一般是指学生在体育锻炼中能根据自身情况及实际条件，对体育锻炼的内容选择、计划、组织，以及生理负荷调控和效果评定等本领；创造能力一般是指学生创造性地运用已掌握的体育知识与技能的本领。这些要素互相联系，构成了终身体育能力的整体。学生对这种能力的掌握与运用，能使其终身受益。

此外，社会体育既是学校体育的延续，也是学校体育改革的指挥棒。其主要表现在社会体育的活动内容和活动方式会对学校的教学内容改革、教学模式改革产生影响。学校体育要关注社会体育发展的现实需要，关注社会发展与人们休闲生活方式的变化，积极推进学校体育与社会体育的接轨，促进学校体育的改革与发展。

2. 学校体育与竞技体育

学校体育主要是指以在校学生为参与主体的体育活动，主要目的是促进学生身心健康、培养学生的道德和意志品质、提高学生的社会适应力等，从而促进学生的全面发展。竞技体育是一种比赛性的、竞争性的体育活动，主要目的是促使个体发挥其运动潜能，取得较好的运动成绩。学校体育中包含竞技体育的运动内容和形式，即竞技体育的运动内容和形式是学校体育不可缺少的一部分；竞技体育必须以学校体育为基础才会有可持续的发展空间。

在很长一段时间内，在体育教学过程中，我国都致力于促进学校体育和竞技体育二者之间的共同普及与协调发展。在计划经济体制下，基于相应的制度框架，我国学校体育与竞技体育之间得以在一定程度上协调发展。后来计划经济体制改革，社会主义市场经济体制逐渐发展起来，但是竞技体育体制难以适应改革后的经济体制，因此逐渐出现了各种问题，如体育竞赛表演市场难培育、竞技体育人才队伍难培养等。由于学校体育和竞技体育之间存在着密切的关联，所以竞技体育难以适应社会主义市场经济体制，学校体育也受到了制约。之后的几十年来，诸多学者在这一领域不断探索，最终探索出"体教结合"的体育人才培养模式，并取得了显著成效，消除了二者之间的隔阂，促使二者实现良性运行。

我们要想更好地推动二者之间的和谐、协调发展，就必须充分处理好二者之间的关系，这就需要正确认识学校体育，注意到它的重要性。学校体育是竞技体育的基础和保障，学校体育能够增强学生的身体素质，提高学生的运动技能和水平，为竞技体育发现和培养人才。通过运动实践我们可以知道，对学生的体育训练要从儿童抓起，发现他们的天赋和潜能，对其进行系统的、长期的训练，才能不断提升其体育技能水平，使之在竞技体育中获得好的成绩。因此，学校体育教育的启蒙阶段就显得尤为重要，它为高水平的竞技体育活动奠定了坚实的基础，它是培育竞技体育后备人才的摇篮。

二、学校体育的目标

（一）全面锻炼学生的身体，增强学生体质

学校体育的一个重要目标是全面锻炼学生的身体，增强学生体质。对于学生而言，在上大学之前，他们的身体都处于不断生长发育时期，这一时期对学生进行体育教育，锻炼他们的身体，能够进一步促进其生长发育，促进其身体各方面能力素质的成长与发展，提高抵抗力，增强其对自然环境和社会环境的适应能力。对于小学和初中阶段的学生来说，他们的身体的每个部分都正处在快速生长发育时期，学校要对学生进行体育教育，适当地让学生参与体育锻炼，并将其与身体养护相结合，重视对学生的体态教育，帮助学生养成正确的体态，使他们拥有一个健康、均衡、匀称的身材；学校要把握住学生身体素质发展的关键期，促进学生的基本活动能力的发展，以促进学生身体素质的全面提高。高中阶段的学生已经进入了青春末期，与中小学阶段的学生相比，他们的成长和发育速度放缓。这一时期，学校应该继续强化和提升学生已经掌握的素质与技能，着重提高学生的身体素质水平，尤其是力量和耐力素质。高等学校的学生的生理结构已经基本发育成熟，这时候学校需要做的就是根据学生的身体素质与兴趣爱好组织体育活动，同时一步步地提高要求，以不断提高学生的身体素质。

（二）使学生掌握体育的基本知识、技术和技能

学校体育的目标还包括使学生掌握体育的基本知识、技术和技能。教师在对学生进行体育教育的时候，要向学生介绍系统的体育运动、自我养护、卫生保健等体育基本知识、技术和技能，只有这样，学生在进行体育锻炼的时候才能对自

已所做的锻炼动作进行判断，知道什么样的动作姿势是正确的，什么样的动作姿势是错误的，并能够将错误的动作姿势矫正为正确的姿势。同时，教师还要使学生正确认识到学校体育的地位与意义，提高学生的体育、卫生文化素养，使学生了解科学锻炼身体的基本原理和方法，督促学生养成经常锻炼身体的习惯，等等。由于不同学习阶段的学生的认知能力和生理结构发育情况不同，因此对不同学习阶段的学生的体育教学目标都是不同的。

在小学阶段，体育教师要使学生大致地了解体育，激发学生对体育的兴趣和爱好，使学生初步掌握运动基础动作，以及体育、卫生保健知识；在中学阶段，体育教师应使学生懂得体育在学校教育与培养"四有"人才中的意义、作用，以及运动、卫生保健、健康和各项运动的基本知识，掌握运动技能，培养学生独立锻炼身体的积极态度和能力；在大学阶段，体育教师要督促学生对之前已经学会的健康知识和运动技能进行巩固与提高，使其能够掌握一两项体育运动技能，培养其终身体育的意识、能力和习惯，同时还要加强对学生的基础理论知识的教育，使学生能够更加深入地了解体育与健康教育的内涵，意识到体育与健康教育对育人的重大意义，从而形成正确的健康观与体育观。

（三）培养学生良好的思想品德，促进学生全面发展

学校体育还应该培养学生良好的思想品德，促进学生的全面发展。实际上，学校的各项教育都应当蕴含思想品德教育，体育教育当然也不能例外。体育教师要善于挖掘其中的思想政治要素，然后将其用于体育活动，以培养学生热爱集体、团结友爱的精神；培养学生不畏困难、拼搏进取的精神；培养学生朝气蓬勃、开拓创造的精神；等等，提高学生的思想品德素质，同时促进学生个性的全面发展。在小学阶段，体育教师必须激发学生对体育的兴趣，使他们能够感受到体育运动所带来的乐趣，努力培育他们朝气蓬勃、积极进取、奋发向上、热爱集体、团结互助的良好思想品德；与小学生相比，中学生要更加成熟，他们正处于塑造世界观的关键时期，体育教师对学生的思想品德教育要给予格外重视和注意，要结合体育的特点，对学生进行有意义的、生动活泼的思想道德教育。这一阶段，体育教师要格外注意对学生的正确观念和态度的教育，使学生能够更加自觉主动地坚持锻炼身体，为社会主义建设做出自己应有的贡献。

（四）发展学生的运动能力，为国家输送体育后备人才

学校体育除了上述目标，还要为国家输送体育后备人才。针对那些基础扎实并且具备一定运动天赋的学生，学校要加以重视，对其进行系统化的训练，强化学生的体质，发展学生的运动能力，使学生成为真正的体育人才，为国家队伍输送后备力量。在小学、初中阶段，学校就要对这些学生进行精心考察，选好有潜力的体育苗子，根据他们的能力进行个性化教学，同时要注意做好不同学段学生之间的体育训练的衔接，使其循序渐进，贯通始终。

学校体育的这些目标之间彼此并不是孤立的，而是有联系的，它们是一个统一整体，不可分割，彼此之间是相互联系、相互促进的。

第三节　学校体育的结构与功能

一、学校体育的结构

学校体育的结构是指学校体育各构成要素之间相对稳定关联所形成的整体架构。从不同的维度可以将学校体育划分成不同的结构。例如，从时间的维度来审视学校体育系统，其是由学前教育阶段体育、初等教育阶段体育、中等教育阶段体育和高等教育阶段体育构成的。从学校体育活动方式维度审视学校体育系统，其是由体育课、课外体育活动、课余训练和课余竞赛构成的。

（一）学校体育目标

学校体育目标是学校体育这一教育活动所要达到的预期结果，是学校体育目的的具体化，它集中体现了学校体育的价值，是学校体育各项工作的出发点和归宿，在学校体育各项工作中起核心指导作用。

（二）学校体育参与主体

学校体育参与主体包括教育者和受教育者，教育者包括体育教师、学校体育主管领导及教辅人员等，其中，体育教师是学校体育工作的主要组织者、实施者和执行者，是直接对学生施加教育和指导的专业人员，其专业能力和综合素质直接决定了学校体育工作的质量。学生是受教育者，是学校体育的对象，也是具有个性、能动性和差异性的主体，在各项学校体育活动中处于主体地位，学校目标的制定，内容的选择都要根据学生主体的特点，以促进学生的全面发展。

（三）学校体育内容

1. 运动教育

运动教育是指以传授体育运动的知识、技能、技术为主要手段，通过自我练习、课余锻炼与竞赛等活动方式，以掌握运动知识、技能、技术和增强体质为主要目的的教育活动。在学校进行运动教育的主要途径有体育与健康课教学、课外体育活动、课余体育训练和课余体育竞赛等。运动教育是学校体育教育的主要内容，通过各种运动素材和体育教材，让学生了解和掌握各项体育运动的知识、原理、技能和技术，在具备一定运动能力的基础上学会自我锻炼的方法，培养锻炼的习惯，通过参与各种课余竞赛或训练，进一步巩固提高运动技术和技能，进一步增强对体育运动的兴趣。

2. 健康教育

健康教育是指以传授体育健康知识和科学健身方法为主要内容，以培养良好的体育卫生习惯、建立积极的体育生活方式为主要目的的教育活动。健康教育是学校体育教育的重要组成部分，培养学生良好的、健康的体育生活方式是学校体育的重要任务之一。健康教育的主要途径有体育与健康课教学、体育墙报、体育文化节、课外体育指导等。

3. 体育文化教育

体育是一种社会文化活动，体育文化是人类文化的重要组成部分，体育文化的继承和发扬要靠体育教育，学校体育担负着传承优秀体育文化的重任。通过学校体育各项活动进行体育文化教育，让学生了解竞技体育文化、优秀的民族传统体育文化，做好体育文化的传承是学校体育教育的重要内容之一。

4. 心理品质教育

学校的各项体育教育都包含心理品质教育的内容。例如，体操学习可以培养学生勇敢顽强的意志品质；排球、足球、篮球需要多个学生团结合作才能取得好成绩，这些体育项目可以培养学生的团结协作和集体主义精神，还能促进人的人际关系的交往；耐力跑可以培养学生坚持不懈的精神等等。总而言之，在学校的心理品质教育之中，体育教育起着非常重要的作用。心理品质教育也是学校体育教育的主要内容之一，有助于促进学生健康个性的发展。

（四）学校体育实践方法

学校体育实践方法是指在各种形式的学校体育实践中所采用的各种方式和手段的总称。在体育课堂教学中，要用到讲授法、练习法、示范法、纠正错误动作法等；在课外体育锻炼中，要用到练习法、游戏法、竞赛法等。学校体育实践方法种类繁多、灵活多变，掌握适当的方法是实现学校体育目标的重要条件。

（五）学校体育实践途径

学校体育实践途径是指为实现学校体育目标所采用的各种具体活动方式。当前，学校体育实践途径主要有体育课教学、早操、课间操、大课间体育活动、课余体育训练和课余体育竞赛等。这些不同的途径相互联系、互相配合、互相促进，是实现学校体育目标的必然渠道。

（六）学校体育环境

学校体育环境是指使学校体育活动得以正常开展的各种物质条件和精神条件的总和。具体来说，学校体育环境主要包含物质环境、心理环境和社会环境。学校体育物质环境是指学校的体育场所和体育设施的条件；学校体育心理环境主要是指学校体育传统、体育氛围、体育观念、教育观念等；学校体育社会环境主要是指体育教师队伍的素质、学校体育管理体制、学校体育规章制度及社会的体育风气和体育观念等。

优良的学校体育环境可以为学校体育工作的正常开展提供保障，有利于学校体育目标的实现；不良的学校体育环境会阻碍学校体育各项活动的正常开展，不利于学校体育目标的实现。

（七）学校体育评价

学校体育评价是指根据学校体育目标，建立科学的评价指标体系，对学校体育各项活动进行的价值判断。学校体育评价是实现学校体育科学发展、学校体育系统优化的必要环节，是科学制定学校体育各项任务决策的重要依据。

综上所述，学校体育系统的基本结构包括学校体育目标、学校体育参与主体、学校体育内容、学校体育实践方法、学校体育实践途径、学校体育环境和学校体育评价七个要素，这七个要素通过互相联系、互相作用、互相制约共同构成相对稳定的学校体育系统，使学校体育充分发挥作用。系统中任何一个要素发生变化，就需要其他要素相应地变化，以继续维护系统的稳定。

二、学校体育的功能

（一）健身功能

1. 促进身体生长发育，提高机能水平

学校体育能促进学生的身体生长发育，提高学生身体各方面的机能水平。尤其是对于发育期的少年儿童来说，经常锻炼身体能够有效促进其呼吸系统、运动系统（包括神经、骨骼和肌肉）的发育，其运动协调能力得以提高，肌肉协调性得以增强，锻炼者也能掌握更多的运动技能。经常锻炼身体还能加速身体血液循环，确保骨组织在造骨期能得到充足的血液补给，从而加快造骨的进程，而且青少年或儿童经常进行体育锻炼还能提高骨骼的承受能力。同时，体育锻炼还能增强其心肺功能，促进心血管系统发育，增强心脏的收缩能力，增加心脏每搏输出量。体育锻炼还能提高人的抵抗力，通常经常进行体育锻炼的人往往要比不参加体育锻炼的人的抵抗力高，不容易生病。

2. 提高身体素质和基本活动能力

对于一个人来说，要想正常地学习、工作和生活，就必须有良好的身体素质和基本活动能力，这也是人类赖以生存的基础。身体素质是指当人们进行日常运动和劳动的时候，在中枢神经的调节下，人体各个器官系统功能所展现出来的综合能力，如速度、力量、柔韧、灵敏等机体能力。基本活动能力是指走、跑、跳、投、攀登、爬越、支撑等维持人体生存所必需的基本活动技能。二者都与人们的日常生活息息相关。

随着科学技术的迅速发展，生产力水平不断提高，机器逐渐代替人类在那些比较繁忙、危险的领域中工作，人们的生活也变得越来越便利，短途出行可以乘坐地铁、公交车，长途出行可以乘坐高铁、飞机，购物也可以在线上进行，人们

的工作方式和生活方式都发生了很大的改变。人们的运动量变得越来越少，这就对人们的身体健康产生了很大影响，很容易导致肥胖症、高血压、糖尿病等一系列疾病。为了避免患上这些病症，保持身体健康，学生就需要经常进行体育锻炼，以不断提高自身的身体素质和基本活动能力。

3. 增强机体对外界环境的适应能力

外界环境主要包括人类生存的自然环境和社会环境，学校体育应该培养学生适应自然环境和社会环境的变化的能力。人们在面临不同的自然条件，尤其是恶劣的自然条件时，如寒冷、高温、冰冻、缺氧、饥饿等，人体各器官、系统必须作出相应的调整以适应环境条件，使身体与外界环境处于一个平衡的状态。而经常参加体育锻炼的人，就能够增强机体对外界环境变化进行调整的能力。学校体育培养学生的身体素质旨在让学生在离开学校后能够适应社会生产、生活的需要。不同的社会时期对所需要人才的身体素质有着不同的要求，如在古希腊，自由公民的主要任务是作战和祭祀，这就要求其具备一切作战所需的身体条件；在产业革命兴起的 18 世纪 60 年代，由于需要充足的体力去应付高强度的大机器生产，人们就会自发地提升身体素质；而在科技不断进步的今天，人们的生活、工作方式越来越贴近自动化，因缺乏运动而导致各种"现代文明病"出现，这就要求我们要通过学校体育来培养学生终身体育的意识，积极参加体育锻炼，以提高学生适应社会生产、生活的各种变化的能力。

（二）教育功能

一般来说，学校体育主要是通过促进学生个体的社会化、培养学生良好的思想品德来实现教育的功能的。

1. 促进个体社会化功能

个体社会化是指人的社会化。刚刚出生的人被称为生物人，在生物人成长的过程中，逐渐与周围的人产生联系，逐渐开始学习并掌握各种必要的生活技能、行为规范和价值体系，从而更好地适应社会，从生物人转变为社会人的过程就是人的社会化的过程。

在个体社会化方面，学校体育有着独特优势。在体育教学过程中，学生有着丰富多彩的角色体验，在不同的体育运动场合中，学生可以扮演不同的角色，然后通过角色来学习和了解各种角色的行为规范要求、权利和义务。在此基础上，学生就能了解和掌握现代社会中社会角色的真正含义，从而真正地成为一个社会人。对于个人来说，他们只有了解了群体或社会对他们的期待，了解了自己应当具备的知识、技能、态度、情感和行为，才能逐步去实现这些，从而真正地成为群体或社会的成员。以体育课程中的篮球教学为例子，在篮球运动项目中，往往场上有多种角色，如运动员、对手、裁判员、教练等，学生可以担任其中的某一项角色，了解角色本身具有的权利与义务，遵守规则，与其他同学互相合作，共同完成任务，学生要清晰、明确地了解哪些事情是符合规则的、是能够被社会所接受的，哪些事情是不能被社会所接受的，然后将其延伸到日常生活，从而完成个体的社会化。

2. 促使学生良好的思想品德的形成

学校教育的最终目的就是培养学生良好的思想品德，要实现这个目的，学校体育也是必不可少的。

（1）培养学生遵守社会规范的习惯

每一个体育运动项目都是有规则的，学生在参与运动项目的时候必须遵守其中的规则，它约束着学生的行为，影响和规范着每一个参与运动项目的人。不仅如此，它还能使学生学会约束自己。因此，它能培养学生遵守社会规范的习惯，培养学生遵守规则和公平竞争的意识。

（2）培养学生具有竞争精神和勇敢面对挫折的能力

当今社会，竞争已充分融入人们的生活当中。而在体育运动中，竞争也是其主要的特征之一，因此必须培养学生的竞争意识。在参与体育活动的过程中，竞争可以体现在各个方面，无论是挑战自身极限的自我竞争，还是个人之间或团队之间的竞争，都能对培养学生良好的竞争意识起到很好的作用。当然，有竞争就会有失败，这就需要在培养学生竞争意识的同时，教育学生要正确、勇敢地面对失败，这对于学生来说也是一种心理挑战的训练，勇敢承受挫折，提高心理调适的能力，也是帮助学生面对社会生活中各种挫折的有效手段。

（3）培养学生建立良好的人际关系

随着人们的物质条件和生活水平的不断提高，生活节奏日益加快，人与人之间的交流变得越来越少，各种通信设备（如电话、电脑等）的普及，虽然在某种程度上拉近了人们的距离，但是人们心与心之间的距离似乎越来越远。

在体育教学中，可以通过各种游戏、集体性项目来进行对人际关系改善的学习。以足球教学比赛为例，学生在学习和训练的过程中，个人需要与其他成员保持协调的人际关系，这种关系是促进每一个成员在自己相应的位置上发挥最大作用的重要枢纽，为了能够取得比赛的胜利，每个成员都会相互帮助互相支持、信赖，建立起良好的人际关系。

第二章 学校体育从体教结合到体教融合的新转变

目前，高质量转型发展逐渐成为各行各业的发展趋势，新时代也要促进竞技体育的高质量发展。目前，我国主要面临的是竞技体育高质量发展与体教协同发展不平衡不充分之间的矛盾，为了缓解这个矛盾，中央全面深化改革委员会第十三次会议审议通过了《关于深化体教融合促进青少年健康发展的意见》，明确指出深化体教融合促进青少年健康发展，要树立健康第一的教育理念，推动青少年文化学习和体育锻炼协调发展，加强学校体育工作，完善青少年体育赛事体系，帮助学生在体育锻炼中享受乐趣、增强体质、健全人格、磨炼意志，培养德智体美劳全面发展的社会主义建设者和接班人。

第一节 体教结合的概述

21 世纪竞技体育的发展不仅是体能、技能的竞争，更是科技、智力的竞争，归根结底是人才的竞争，是人的素质全面提升与挑战人类身体极限的竞争。运动员是竞技体育人才的核心力量，其文化教育问题会影响竞技成绩的提高及综合素质的全面发展，对中国乃至世界范围内的体育发展至关重要。

中华人民共和国成立后，我国采用的是"金字塔"式的体育人才三级培养模式。当时，我国运用这一体育人才培养方式培养出了许多优秀运动员，取得了显著的效果。之后，我国从计划经济体制转为社会主义市场经济体制，由于社会经济体制的转变，"金字塔"式的体育人才培养模式已经不再适应社会的发展，暴露出一系列问题。这时候，就需要寻求一种新的体育人才培养模式，以适应当前社会，体教结合人才培养模式应运而生。体教结合人才培养模式，顾名思义，就是在体育系统与教育系统相结合的基础上来培养体育人才，既要保证对运动员的文化教育，又要保证对运动员的技能训练，在遵循教育规律的基础上对其实行系统的运动训练，促进体育的可持续发展。

一、体教结合诞生的社会背景

在中华人民共和国刚刚成立的时候，我国与苏联交好，很多东西都是在他们的影响下建立形成的，体育方面的竞技训练和人才培养体系也不例外。我国的竞技训练和人才培养体系是举国体制，即把在以奥运会为最高层次的国际竞技体育大赛上取得优异成绩作为目的的一种竞技体育制度和发展方式。这种举国体制为之后我国竞技体育的崛起起到了重要作用。这种举国体制也特指当时我国竞技体育领域所推行的国内练兵、一致对外，"全国一盘棋"的思想指导下的训练管理体制。举国体制的实质就是利用社会主义制度下能够集中力量办大事的优越性，充分利用我国人口众多、体育资源丰富的特点，集思广益，调动各方面的积极性和创造性，达到竞技体育为国争光的目的。

几十年来，我国竞技体育人才的培养就是沿着举国体制发展道路前进，逐步形成了"金字塔"式、"塔楼"式、"迁移"式等培养模式。其中，"金字塔"式培养模式占主导地位，田径、游泳、篮球、举重、柔道、足球、排球、羽毛球、乒乓球等项目多采用这种模式。"金字塔"式培养模式是以国家和省、市优秀运动队为一线，以各类体校为中心环节的纵向层层衔接的三级训练体制，如图2-1-1所示。

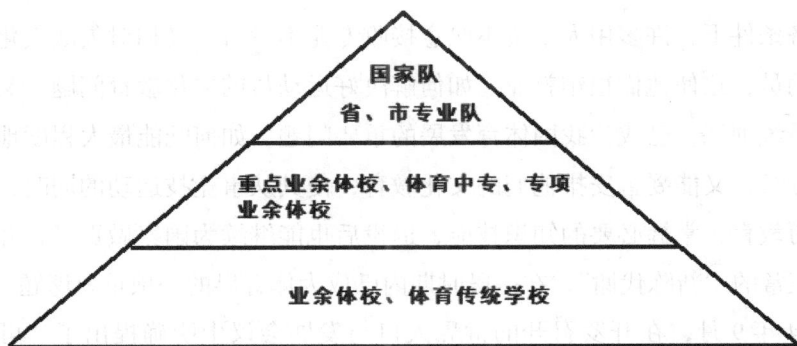

图 2-1-1　"金字塔"式培养模式图

由于中华人民共和国建立初期我国的经济基础比较薄弱，实行举国体制对于我国体育事业的发展起到了积极作用。"金字塔"式培养模式，培养了大批优秀的运动人才，为我国体育事业的崛起发挥了重要作用。纵观我国竞技体育的发展历程，从 1984 年洛杉矶奥运会上的 15 块金牌，到 2000 年悉尼奥运会上的 28 块金牌，再到 2004 年雅典奥运会的 32 块金牌，我国竞技体育取得了辉煌的成就，实现了我国竞技体育强国的梦想。

但"金字塔"式培养模式是在计划经济条件下国家包办起来的，这种旧的培养模式在市场经济下逐渐暴露出自身的局限性，受到市场经济强有力的冲击。由于其经济来源主要依靠政府拨款，人员机构设置上庞大臃肿，成才率低，供求关系上反映出运作成本太高的问题，项目发展参差不齐，很不平衡，这种现状直接导致了业余训练人数下降，业余体校、体育职业技术中学招生困难，生存艰难，后备人才严重缺乏，甚至出现青黄不接的现象。另外由于在"金字塔"式培养模式中，初级、中级和高级训练存在着各自的利益，所以在个人、集体和国家的关系处理上，往往存在着不同程度的矛盾，这也导致了资源浪费和人才的重复培养等问题的发生，这些问题直接或间接制约了业余训练的发展。另外"金字塔"式培养模式对运动员的文化教育问题始终没有解决好，由于缺少系统的文化教育，大多数运动员的文化程度较低。许多取得过优异成绩的运动员都很年轻，退役后还想继续为国家做贡献，可是由于他们贫乏的知识结构与社会所需不相适应，大批运动员在退役后找不到合适的岗位，这不仅对我国竞技体育事业造成损失，还产生了一些社会问题，影响了我国竞技体育的可持续发展。

在计划经济条件下，运动员退役后由国家统一分配到各企事业单位，然而在市场经济条件下，许多用人单位不愿意接收专业不对口，又相对欠缺文化知识的退役运动员，致使他们很难就业。如何解决好运动员的文化教育问题，又能保证正常的系统训练，已成为我国体育发展的重要问题。如何既能最大程度地发挥运动员的专长，又能妥善安排他们的文化教育，使其从事竞技运动的同时，完成必要的学历教育，掌握必要的知识技能，退役后也能继续为国家做贡献，并确保运动队伍正常的"新陈代谢"，在一段时期内已成为体育界的一项重要课题。

1994 年 9 月，在开罗召开的世界人口与发展会议中明确提出了"可持续发展问题的中心是人"。社会发展的核心是人的发展，人既是社会发展的主体，也是社会发展的原动力。党的十六届三中全会通过的《中共中央关于完善社会主义市场经济体制若干问题的决定》,明确提出"坚持以人为本,树立全面、协调、可持续的发展观,促进经济社会和人的全面发展"的科学发展观,这是我国 21 世纪建设与发展的理论指南,对我国当前各项工作均具有重要的指导意义。二者都强调"人"在社会发展中的作用,强调重视"人"自身的利益,也就是以人为本。因此,在培养运动员时,应重视运动员的利益及运动员的可持续发展。

奥林匹克运动的宗旨是:"通过没有任何歧视,具有奥林匹克精神——以友谊、团结和公平精神相互理解的体育活动来教育青年,从而为建立一个和平的,更美好的世界做出贡献。"[①]现代奥林匹克运动从其诞生到当前的发展,都与教育有着密切的关系。教育是奥林匹克运动的精髓,奥林匹克宪章明确指出:"奥林匹克主义是增强体质、意志和精神,并使之全面均衡发展的一种生活哲学。奥林匹克主义谋求体育运动与文化教育相结合,创造一种以奋斗为乐、发挥良好榜样的教育作用,并尊重基本功德原则为基础的生活方式。"[②]奥林匹克运动所展现的文化魅力并不仅仅是体育竞技的力量,而更在于它对人们的行为意识、伦理道德、心理情感和精神状态的影响和征服力。参与、拼搏、奋进、公平、公正等品格是奥林匹克运动所体现的价值,越来越成为对青少年教育所必不可少的重要内容。因此,运动员需要文化教育,而普通学生也需要体育,体教结合势在必行。

二、体教结合的基础

(一)体教结合的理论基础

1. 教育学基础

教育的基本问题是教育同社会发展及教育同人发展的关系问题,即"社会—教育—人"的循环链如何运行的问题。社会要把每个人培养成合格的社会成员,最有效的手段是教育;而个人要适应社会的发展,有效的途径也是靠教育来实现的,教育是社会生存和延续的纽带。联合国教科文组织在《学会生存——教育世界的今天和明天》中指出:"教育不但能改造人,而且也能通过改造人去改造社会。"因此,需要对运动员进行必要的文化教育。

---

① 奥林匹克宪章 [J]. 西安体育学院学报,1996(01):73.
② 奥林匹克宪章 [J]. 西安体育学院学报,1996(01):73.

2. 生物学基础

生物学是研究生物的结构、功能、发生和发展规律的科学。可以肯定的是，生物学的理论是提高运动成绩的重要理论基础，但它绝不是唯一的理论基础。诺贝尔化学奖的获得者伊利亚·普里高津提出的耗散结构理论，说明教育对竞技运动的作用具有重大的意义。该理论可以概括为在远离平衡条件下，系统原有的平衡态将失去稳定性。人体自身就是一个复杂的系统，我们应注意平衡发展，不能特意强调某一方面突出发展，应注意保持系统的平衡。单纯搞生物性的训练，只能挖掘运动员的体能潜力，不能挖掘运动员的全部潜力，这背离了耗散结构理论，不利于人体的平衡发展。应重视运动员的生理、心理、社会三重属性的协调发展。体教结合在重视运动训练的同时要求他们接受正规的文化教育，有利于培养大批生理、心理、社会三重属性协调发展的高水平运动人才。

（二）体教结合的现实基础

1. 体育与教育集中培养的时间大体相同

无论是文化教育，还是运动训练，最好都安排在儿童青少年时期，因为这是最佳学习时期。要使学生能更好地接受文化知识，进行运动员系统训练，就应当将集中培养时间安排在儿童青少年时期。学校有着丰富的生源优势、文化教育优势和科研优势，因此在对学生进行教育的时候要利用好学校的这些优势，对学生进行文化教育和运动员训练，在对学生进行运动员训练的基础上传授科学文化知识，学校不能为了单纯追求运动成绩而荒废运动员的文化学习，而应该做好协调工作，确保实现运动员的运动能力和文化教育水平的同步提高，从而培育出全方位发展的"智能型"人才。因此，为了适应市场经济发展需要，要调整以前的"金字塔"式培养模式，进一步推广体教结合人才培养模式，以确保体育运动的可持续发展。

2. 体育与教育本是同宗同源

体育与教育都是从生产劳动中剥离出来的，二者同宗同源。在远古时期，人们大多是通过运动将打猎的方法、生产劳动中获得的基本知识及部落纷争时的格斗技巧等经验传给后辈的，因此我们可以说人类早期的教育就是"体育"，二者有着密不可分的关系。

3. 体育部门和教育部门都是育人机构

体育部门和教育部门都是育人机构，都担负着为国家培养人才的重任。教育部门培养的是国家建设所需的各行各业的专业人才，学校可以说是人才的"基地"，并且学校具备培养人才所需的专业教师，还拥有相对健全的体育训练设施。体育部门培养的是在竞技场上为国争光的体育人才。

4. 体育与教育有共同的任务

体育部门的主要任务是为国家培养优秀的竞技体育人才，教育部门除了要完成必要的教育任务，也肩负着为国家培养高水平竞技体育人才的重任。培养高水平竞技体育人才也是国家赋予学校体育的一项基本任务。体教结合可以很好地完成国家赋予体育部门和教育部门培养高水平竞技体育人才的任务，为国家培养全面发展的"智能型"体育人才。

三、体教结合的概念与三个层面

（一）体教结合的概念

1. 体教结合的定义

体教结合是在"以人为本"的科学发展观指导下，体育部门和教育部门为共同培养全面发展的高水平竞技体育人才而构建的和谐体系。体教结合是牵动我国体育体制和教育体制改革的战略性问题，是竞技体育发展和教育改革进程中的阶段性产物，是根据中国体育与教育行政机构分置的国情而构建的关于我国高水平竞技体育人才培养的新理念。要求教育部门和体育部门在结合的时候，以科学发展观为视角，以人的全面发展为前提，在行政上分工合作，在形式上灵活多样，在结构上相互依存，在资源上相互补充，在政府宏观调控下，教育部门管理运动员文化学习和部分运动训练，体育部门管理运动竞赛和体育俱乐部，在广泛开展社区（学校）、群众性体育竞赛的基础上发展竞技体育，实现以体育部门和教育部门为主体，社会、企业、市场多方打造的纵贯小学、中学、大学，横跨学校、社区俱乐部运动训练与竞赛的高水平竞技体育人才培养的和谐体系。

2. 体教结合的内涵

回顾我国探索体教结合的道路，虽然已经取得了一定的成绩，但是也面临着许多困难。现在学术界对"体教结合"的主要观点有体教结合与竞教结合。体教结合中的"体"是对体育三段分法中竞技体育、学校体育及社会体育的总称。竞教结合中的"竞"特指竞技体育。事实上，体教结合不单特指竞技体育和教育的结合，随着结合的深入，也会使学校体育和社会体育与教育的关系变得密切，在交流与合作中发展。而且竞教结合涵盖的范围相对较小，无法全部概括体教结合的内涵。体教结合不仅是体育部门和教育部门之间的表层结合，更是其文化和精神的相互促进和相互结合。

（1）体育管理部门与教育管理部门的结合

"体"是指政府中的体育管理部门，"教"是指政府中的教育管理部门。体教结合是针对各级政府中体育部门和教育部门来说的，它们之间优势互补、强强联合，基于共同的育人目标，实现两个部门之间的结合。体育部门和教育部门共同的责任是培养优秀的体育人才，教育部门具有文化和人才资源等优势，而体育部门则具有专业教练和训练经验优势，两者有效结合可以将自身的优势都发挥出来，一方面对普及学校体育起到一定的推动作用，另一方面对选拔和培养竞技后备人才具有一定的帮助。

（2）体育运动与学校的结合

"体"是指体育运动，"教"是指各类教育机构、学校。在教育体系中融入体育，能够增强学生体质，提升其运动技能，有助于其身心健康发展，同时也有助于教育的可持续发展；在教育体系中融入体育人才培养，有助于提升体育人才的文化水平、专项理论水平和人文素质，有助于运动员的可持续发展。教育界和体育界应该在观念上有所转变，统一思想，坚持竞技与教育融为一体的指导思想，将体育运动看作必备的教育手段，对全体青少年进行教育。同时对体育在教育中所处的特殊地位与所起到的作用也要有所认识，让学校成为人才培养的"基地"，顺应时代发展，培养全面发展的人。

（3）运动员训练与文化教育的结合

"体"是指运动训练，"教"是指文化教育。运动训练和文化教育，运动员都要接受，它们二者是同等重要的。通过对优秀运动员的资料研究发现，他们的体能开发和技术掌握程度取决于文化素质，因而文化素质也对运动水平有一定的影响，文化素质高能更充分地把体能潜力挖掘出来，也能快速提升运动水平，进而提高竞技成绩。简单来说，体能的开发是有限的，而智能的开发则是无限的，运动训练的主要手段是用智能的开发来促进体能的发展。体教结合便是培养"智能型"体育人才，以取代以往的"体能型"运动员，让他们接受正规教育，学习文化知识，把单纯的体能潜力的挖掘在教学中所占的比例降低，并对运动员的智能发展给予高度重视，从而培养"智能型"体育人才。

（4）学校人文精神与奥运精神的结合

学生是学校管理的对象，育人成才是学校的根本职能，要培养学生努力、拼搏、向上的精神，以及勇于创新、敢于竞争、吃苦耐劳的优良品质。可以说，奥运精神是体育的灵魂，虽然"更快、更高、更强"只有六个字，但是却是开展体育运动的目标和方向，而且在竞技运动中勇于斗争的精神，能给予人们一定的鼓励，让人们在生活和工作中奋发向上、积极进取、超越自我、挑战自我。体教结合不仅给运动员提供接受正规教育的机会，让他们进入更好的学习环境，学习更多的知识，还要培养他们努力、拼搏、向上的精神，以及勇于竞争的品质；让学生更好地体会体育运动中顽强拼搏的精神，并应用到生活和学习中，以更好地实现自身价值；让体质比较差的学生可以在良好的运动氛围中进行体育锻炼，养成锻炼的习惯及终身体育意识，进而增强体质。

（二）体教结合的三个层面

下面，从微观、中观和宏观三个层面来对体教结合内涵进行简要分析。

从微观角度来看，"体"主要是指运动训练，"教"主要是指文化课学习，"体教结合"就是指将运动员要将"体"和"教"结合起来，在接受运动训练学习体育技能的同时接受文化教育。对于运动员来说，二者都十分重要，无论是缺少哪一者，运动员都不能很好地发挥自身的体育技能。体育训练是提升运动员体能的途径，而文化素质则决定着运动员运动技术的掌握和体能开发的程度，直接影响着运动员竞技水平的提高。因此，对于运动员来说，二者都是不可或缺的。而且，体能开发是有限的，智能的开发是无限的，在对运动员进行体能开发的同时进行智能开发，利用智能来增强体能，则能更加充分地挖掘其体能潜力，帮助其体能被开发到最佳状态，不断提高其竞技水平，从而取得更加出色的成绩。体育与教育的有机结合，不仅能提高运动员的竞技水平，还能提高其学术水平和思想品德水平，实现运动员的全面发展，促进体育事业的可持续发展。随着科学技术的不断发展，世界各国的生产力水平不断提高，世界工业革命开始进入一个较长时间的"物化"时期，这一时期的主要特点是高度重视技术发展而忽视人文精神，它显著地存在于各个领域之中，竞技体育也不例外。在竞技体育之中，教练着重对运动员进行技能训练，以提高运动员的技术水平，看重运动员的运动成绩而忽视了他们的文化学习，这也展现出高度重视技术发展而忽视人文精神的特点。随着社会的发展，当今世界对"人"越来越重视，各个行业都提倡以人为本，体育领域也不例外。在这个以人为本的时代，体教结合模式要求运动员既要训练运动技能也要学习科学文化知识，这不仅是他们从自然人转向社会人的需要，也是职业本身的需要，这种模式能更好地培养大批"智能型"的运动员。

从中观角度来看，"体"是指竞技运动，"教"是指各类学校，体教结合主要是针对各级学校而言的。竞技体育与教育同根同源，二者有着十分密切的关系，将竞技体育纳入教育体系，将二者充分融合起来，对于竞技体育与教育体系都十分有益。对于竞技体育来说，二者融合可以提高运动员的运动技能、人文素质和文化水准，使之获得更好的成绩。对于教育体系来说，竞技体育也使其内容组成更加丰富多彩。在美国，大众体育和竞技体育的基础都是学校教育，这主要是因为美国始终坚持"竞技与教育融为一体"的指导思想，对全体儿童青少年进行竞技教育。我国也应该改变传统观念，充分认识到竞技在体育教育中的重要作用，然后借鉴美国的经验，在儿童青少年的课外体育活动和体育教学的各个环节插入竞技训练的内容。"体教结合"意味着运动员应当同时完成国家规定的学习任务，所以在运动员培养过程中，必须遵循体育和教育的各自规律。在保证运动员拥有接受高等教育的同等机会的同时，提高运动员所接受高等教育的水平。竞技体育与教育的结合是历史发展的必然趋势，奥林匹克运动作为人类灿烂文化的重要组成部分，对人类文明事业的发展发挥着积极的作用。它的兴衰史告诫我们，竞技体育只有与教育相结合才能真正地体现出竞技的魅力，表现出顽强的生命力。否则，竞技体育的发展将会受到始料不及的冲击，路越走越窄，最终被时代抛弃。

从宏观角度而言，"体"是指体育管理部门，"教"是指教育管理部门，体教结合是针对各级体育部门和教育部门而言的，为了竞技体育全面、和谐、可持续的发展，以人为本，培养全面发展的高水平竞技体育人才，体育部门和教育部门以共同的目标为导向，进行两部门之间的结合。体教结合是充分发挥体育和教育两个体系优势的科学方法，厘清体育和教育两者之间相互依赖、相互影响的关系，实现体育和教育的高度结合，无疑是我国实施和贯彻党的教育方针、全面培养高素质人才的一个有效措施。

目前，两个部门正在不断地探索体教结合模式。从不同的角度，学者对体教结合的描述略有不同。有学者对体教结合的描述是学校与当地省市体育系统合作办队，双方共同负责运动员的选拔、入校、文化学习思想教育、训练比赛。运动员既可以代表所在省市参加有关比赛，又可以代表所在学校参加比赛。双方合作密切，配合协调，真正成为一种优势互补的结合，符合运动员普遍希望"夺标成才"的愿望。体育院系的学者对体教结合的描述是优秀运动队与高等体育院校联办、共建，实施教学、科研和训练的三结合。将所在省市优秀运动员文化教育工作全部纳入教育序列，构建从义务教育到研究生教育，从职业教育、成人教育到普通教育，上下衔接、左右贯通、严谨规范的教学体系，并采用长学制和学分制等灵活的教学制度，为优秀运动员学习文化提供优越的环境，积极推进优秀运动员学生化的改革进程，为转变现行训练体制，进行积极的探索和大刀阔斧的革新。从事业余体校研究的学者对体教结合的描述是把儿童青少年训练纳入体育、教育共同管理、共同创建的青少年训练网络，形成从小学、初中、高中到大学相衔接的"一条龙"的优秀体育后备人才培养新体系。这项措施旨在把青年后备人才的培养由体育部门独家经营转变为由体育、教育联手打造。还有的学者将体教结合更为翔尽地描述为在教育体系中引进体育体系中的优势，在培养优秀体育后备人才和适应社会发展需要的德、智、体、美、劳全面发展的人才过程中，双方在义务、责任、资源、优势、规律和成果等方面有机地结合。体育系统在教练员、场馆器材、竞赛组织管理等方面具有优势，教育系统在生源、文化教学、思想品德教育、学生管理等方面具有优势，做到义务共尽、资源共用、优势互补、成果共享。

在实际运作中，要遵循运动训练和文化教育的各自规律并全面进行合作，具体来说至少有三个方面的含义。一是建立小学—中学—大学"一条龙"学校竞技体育训练体制，并纳入举国体制，高水平的运动员可以参加国家或省市的大型比赛。这样运动员既不间断文化课学习，又能适应学校运动训练的方式，使运动成绩持续提高。二是把学校的教育规律与竞技体育的训练规律进行有机的、实质性的结合，以学为主，以练为辅，在学校里发挥教育系统培养人才和科研的优势，通过提高学生文化素养，理解运动内涵和规律，积极自觉地进行运动训练，提高训练效益。三是学校课余体育训练适当聘用体育系统的优秀教练员，将他们的训练方法、训练经验和训练作风带到学校。概括起来说，体教结合应该是训练过程中的结合，而不仅仅是比赛时的结合。宏观层面、中观层面和微观层面的体教结合虽然含义不同，但是目标都是一致的，即培养高水平竞技体育人才。从整体来看，如果宏观层面的体教结合完善并协调，那么中观层面的结合就会更紧密，微观层面的结合就会更统一。

四、体教结合的特点与形式

（一）体教结合的特点

1. 教育与体育紧密地结合起来

体教结合的特点是体育和教育是紧密结合，不可分割的。现今，世界上绝大多数体育发达国家的体育人才都是在学校中培养的，这些体育发达国家不仅重视学生运动员的技能发展，也注重其文化教育，始终以"育人"为主线，坚持体育与教育并重的思想，重视学生的全面发展，在学校中制订了十分严格的训练制度、学习制度和生活制度，规定了学生应该遵循的学规校规。另外，在保证学生运动技能学习和文化课学习的基础上，这些体育发达的国家还关注学生的道德教育，致力于培养出"身心双修"的高水平运动员。对于学生运动员来说，这种全面的教育会给其带来动力，促使其更加深入全面地看待自己、认识自己，在人生规划中确立更为明确的目标，并能主动地投入勤奋的学习与艰苦的训练，从而实现体育与教育的紧密结合。

2. 大学和中学的关系更加密切

大学与中学的关系更加密切也是体教结合的一个特点。在体教结合模式之中，其培养主体是学生运动员，大学高水平运动队的主要成员来自中学，即中学阶段是大学高水平运动队的准备阶段，也就是说，学生运动员只有经历了中学的系统性的文化学习和科学训练之后，才能进入大学，成为大学高水平运动队的一员，这种体教结合的模式使大学和中学之间的关系更加密切，充分发挥了学校的器材、场地、师资等资源的优势，进而降低了运动员的培训开销，并为运动员的文化教育培养提供了解决方法。

3. 选拔和输送一体

体教结合的模式具备选拔和输送一体的特点。对于学生来说，他们从中小学开始就要进行体育训练，中小学实行的是教练员负责制，根据学生的实际情况，教练员会为其制订适合他们的训练计划，以提高其身体素质和专项运动能力。在对中小学学生进行选拔的时候，能否适应长远培养是重要的选拔标准。也正是因为有了这种选拔和输送一体化的学生运动员培养方式，学生才会更加适应学校的训练，自身也有了更大的发展空间，避免了过早、过度训练从而导致到大学阶段"江郎才尽"的现象。

4. 运动员具有双重身份

在体教结合培养模式下，运动员具有双重身份，他们既是学生也是运动员，在这两个身份中，学生身份应该被排到首要地位。他们应该先完成规定的学习任务，然后才能进入运动队训练。而且运动队也应对学生的学业表现进行定期考核，要使他们做到两者兼顾。学校应当给那些学习成绩不好而运动成绩非常好的学生补课，必须让他们清楚地认识到学习文化知识的重要性，让他们认识到自己的双重身份，促使自身的文化素质与运动成绩获得双重提高。

（二）体教结合的形式

1. 体育部门与教育部门合作

体教结合的一种形式是体育与教育两个部门合作创办运动学校或单项体育竞技学校，共同负担经费，体育部门选派优秀教练员负责运动训练，教育部门选派优秀教师负责文化教育，利用原有体校的教学和训练的场馆资源，新建以培养体育特长生为主的学校，并由教育部门统一管理。

2. 社会或个人与教育部门合作

体教结合的另一种形式是社会或个人与教育部门合作，在校内或校外成立单项体育俱乐部，在单项体育俱乐部内培养学生运动员。这种体教结合形式的灵活性比较强，在就学、场地设备、资金筹措等方面都展现出了明显的优势，能够充分利用社会资源库，依靠社会力量来培养体育人才，在一定程度上减少了国家的支出成本。

3. 高校办高水平运动队

高校独立承办高水平运动队，并负责运动队的文化教育与训练工作，这也是体教结合的一种形式。对于学生运动员来说，这种形式能解决学习和训练的矛盾，使他们更好地学习科学文化知识和进行体育技能训练，两不耽误，同时也为他们的就业奠定了坚实的基础。1987年4月国家教委发布了《关于部分普通高等学校试行招收高水平运动员工作的通知》，高校开始招收一些退役的优秀运动员，使他们能够在高校中学习文化知识，这不仅为高校引进了一批高水平的、有丰富竞技体育经验的运动员，使高校在高水平体育竞赛中能取得较好的成绩，提升学校的知名度，同时也能减轻体育部门对退役优秀运动员的安置压力，为国家作出了贡献。这些退役的运动员进入高校，通过不断地学习各种文化知识，自身的文化素质得以提高，也实现了自身更加全面的发展。之后，又出现了运动队与高校共建的模式，即专业运动员平日里在省队或者国家队进行体育训练，挂靠在名牌大学名下，当大学与其他高校进行比赛的时候，这些专业运动员就会以该校学生代表的身份来参加比赛。不过，这种体教结合形式存在着一些缺陷，专业运动员虽然也属于高校学生，但是平日里并不在学校学习，运动员自身缺乏必要的文化素质，即便最后拿到了专业文凭，他们往往也对自己缺乏信心，专业就业前景并不乐观。

随着国家政策的放开，高校的思想也在不断转变，一些高校不仅开始招收现役运动员，还开始独立地培养高水平运动员，在这种体教结合形式中，高校实行的是学分制，并在上课时间上表现出高度的灵活性，高校自办高水平运动队逐渐成为当前体教结合的重要形式。

4. 体育院校独立开展高水平运动训练

体育院校独立开展高水平运动训练，并负责运动队的文化教育工作，这一形式主要是针对我国各级各类体育院校而言的。在北京、上海、南京等地的体育院校首先开始兴办，学制从小学一年级到高三，高中毕业后可参加全国运动训练专业的单独招生考试，学习和运动训练合格者再进入体育院校学习。这种形式的优越性在于它具有从小学到大学的长学制，有利于运动员系统地学习文化，在提高运动成绩的同时能取得一定的学历。

第二节 体教结合发展新趋势——体教融合

一、体教融合的概念

体教融合的内容目前虽仍在完善，但从现在的改革内容可以看出体教融合一些深刻的改革方向。

第一，"让运动队回到学校""省队校办"的做法预示着未来的青少年运动训练与竞赛将逐渐回归到国民教育体系。

第二，教育部主导的"校园足球"成为体教融合的"试水地"和"试验田"。

第三，体教两部分青少年的运动竞赛开始融合，国家已经提出将青运会与学生运动会合并，这成为体教改革重要的风向标。

第四，国家出台了加强学生运动员管理的一系列举措，提出了学校教练员的概念与相应的强化措施，标志着"体回归教"准备工作的开始。

第五，国家开始提倡建设校外青少年运动训练设施，提出了"青少年运动训练中心"的概念，虽然对设施的性质和运行机制还缺乏阐述，但是概念的提出依然是机制创新的指南。

可见，体教融合是作为国家重大体育制度改革的准备阶段，富有深意，但目前还处在推进改革工作的阶段。

二、体教融合的诠释

（一）对体教的理解

体教不是指体育与教育，而是体育系统与教育系统。自中华人民共和国成立以来，体育的概念在不断扩展，从狭义的体育即"身体教育"，扩展到包含竞技体育、休闲体育、群众体育等多个方面。而对于青少年来说，体育实际上就是教育的重要组成部分，二者从来就没有分开过，也就谈不上体育与教育的融合了。因此，"体教融合"的体教不是单纯指体育与教育，而是指自中华人民共和国成立以来形成且发展至今的体育系统与教育系统；体育系统掌握的是群体、竞体、体育产业和体育文化等方面的资源，而教育系统掌握的是国民教育体系的资源，在青少年阶段，体育系统与教育系统有不同的侧重与分工，导致两个系统之间存在差异，解决差异导致的问题，就需要将两个系统的资源进行融合，为共同的目标实现资源的优化配置。

（二）对融合的理解

体教不是简单结合而是要实现融合发展。纵观我国体育教育的发展历程，我国体、教关系的发展先后经历了"无体教结合阶段""体教结合，体育为主""体教结合，教育发力""体教结合，走入困境"到"体教融合"等阶段。其中涉及两个概念，即体育结合和体教融合，体育结合更多是在操作层面上的探索，是通过两个系统之间的取长补短来解决各自的现实问题，以改变两个系统之间各自为政、单点发力的局面。对于青少年群体，体育系统关注的是竞体成绩，教育系统关注的是体质状况，体教结合实现的是本系统如何利用对方系统的优势资源为本系统补短板，是"实用""拿来"的思路，解决的是现实中面临的具体问题，二者仍然按照各自的体制机制运行；"体教融合"则是将两个系统纳入统一的框架内，促进体育要素自由流动，强调的是问题解决的整体性和完整性，破除政策障碍实现"一体化设计、一体化推进"，而不是局部的、阶段性问题的修补，这需要双方将各自的资源都"摆在台面"，运用新的理念与思路，确定共同的目标，研究、制订相应的资源组织方式（体制与机制），因此体教融合应该是指充分发挥体育在青少年成长中的多元作用，调动与组织体育、教育、卫生等系统中的相关资源要素，实现促进全体青少年健康发展、培养青少年体育后备人才目标的机制。

三、体教融合的转变

2020年，在国家体育总局和教育部联合印发《关于深化体教融合促进青少年健康发展意见的通知》后，体教融合呈现出新格局。可以将体教融合的转变归纳为四点：新目标、新认识、新格局和新原则。

（一）新目标

之前青少年竞技体育的运营与管理是以"三级训练网"为主体进行的，这种举国体制在一定程度上促进了我国体育事业的发展，为我国培养了一些优秀运动员，但是它与现在的社会有着诸多不适应的地方，容易产生很多社会问题，如对青少年文化教育较少，退役运动员难以融入社会等。另外，随着时间的推移，社会的发展，之前的学校体育还存在着教育理念过时、日常体育课程与中考体育相脱节等问题，打击了青少年体育锻炼的热情，影响了青少年的体育锻炼效果。而且，学校体育也没有为青少年的竞技体育培养坚实的人群基础。体教融合体育人才培养模式的出现，为体育教育也提出了新的目标，即"促进全体青少年健康发展"。这个新的体育教育发展目标为青少年的学校体育和竞技体育改革提供了明确的方向，同时也为我国体育事业的未来人才培养提供了坚实的体制机制保障。

（二）新认识

对于每一个年龄段的人来说，体育锻炼都有着十分重要的作用，它不仅能强身健体，促进身体发育，还能提高人体抵抗力，预防心脑血管疾病，延缓衰老。因此，人们应该有终身锻炼的意识，以促进身心健康发展。但是，现实的大多情况是很多人在学校里由于受到强制性规则制度的制约才会进行体育锻炼，一旦离开学校之后便会彻底失去体育锻炼的动机与动力，从而影响其身体健康。

对此，体教融合提出了新理念，即体育素养，它主要是指个体的态度、动机、自信、知识与理解、能力与技能、行为与习惯等，最终实现体育的终身参与，并且强调要将它融入考试招生。体育素养将文化教育与身体教育统一起来，并且将身体教育提到前所未有的高度，对"以体育人"提出了更高的标准。体育素养的提出与国际前沿研究实现同步，国际研究认为人的认知、心智是基于身体活动、身体结构、具体环境而发展形成的，人是通过运用简单、具体的知识来投射、表达复杂的、抽象的概念，而这些简单的、具体的知识大部分来自自身的体验，这种体"育"从人的出生就已经开始，而且贯穿整个人生。

（三）新格局

一方面，学校场景、家庭场景、社区场景三者合一。学校是青少年体育学习的主阵场，但并不是青少年体育的全部，研究表明家庭（尤其是父母的言传身教）校外（主要是社区）体育公共服务同样发挥着重要的作用。因此，学校、家庭、社区不应该是割裂的，也不应该只强调某个场景而忽视其他场景，而应该是将三个场景联系起来，使青少年在不同场景之间具有一致的体育价值体系和行为方式。另一方面，需要政府、社会、市场多元供给主体的参与，在关于体教融合的意见中，多处反映政府应该进行职能转变，鼓励社会、市场参与青少年体育，形成多元开放的治理体系，丰富青少年校内外的体育资源，实现资源的精准对接与服务。

因此，体教融合鼓励青少年体育的多元参与，鼓励形成政府主导、部门协同、社会参与、家庭自助的格局。

（四）新原则

一体化设计、一体化推进的原则，体现了新时代青少年体育整体性思维的转变，更加重视顶层设计，聚焦以问题为导向破除阻碍，建立支持特定体系运行的长效机制。新原则主要体现在四个方面：一是从年龄看，覆盖了从儿童到成年；二是从场景看，包括了校内与校外；三是从参与方看，涵盖了政府、社会、市场；四是从提升路径看，涉及兴趣化、多样化、专项化、专业化。

第三节　体教融合转变策略

一、转变教育观念，树立大教育观

在不同的时代，人们的教育观念有着一些区别。当今是知识经济时代，我们必须转变传统的教育观念，统一思想，树立大教育观，正确认识竞技体育与教育的关系，然后将竞技体育融入教育，使竞技体育真正成为教育中不可或缺的一个重要组成部分，在教育学生的全过程中贯穿运动训练，这样学校才能更好地对学生进行教育，提高学生的综合素质，促进学生的全面发展，使他们真正成长为社会所需要的人才。

在教育领域中，学校起到十分关键的作用，是培养人才的主阵地，当然包括培养体育人才。具体来说，学校培养体育人才的做法如下。首先，"体教融合"的根本就是将体育与教育融合起来，对所培养的体育人才普及九年义务教育，以提升教育质量，帮助学生树立运动意识，培养学生的运动兴趣，促进其"德、智、体、美、劳"全面发展。其次，在高中阶段，学校要发掘学生的体育潜力，遵循竞技体育发展规律，在这个基础上为有体育特长的学生提升发展空间，创造发展机会，不断提高其体育技能水平。最后，在大学时期，高校作为学生的领路人，要在有体育特长的学生选择就业时提供辅助和指导，帮助他们选择适合自己的职业发展方向，从而更好地为国家队输送高水平体育竞技人才。高校要鼓励学生多参与国内外赛事体育项目，不断提高其训练技能，针对市场化程度不高的体育项目，国家和社会要予以扶持，然后建立起基于学校的多层次竞技体育人才培养和输送的网络，确保竞技体育与教育能够实现真正的融合。

在体教融合背景下，培养竞技体育后备人才的主要渠道就是学校，这完全契合了当今时代发展的需求，符合市场的发展需要。要实现这种"体教融合"的模式，就要转变教育观念、树立大教育观，不断开拓创新，实现学生的全面发展。

二、转变部门职能，发挥教育部学生体协联合秘书处的作用

政府部门应简政放权，让体育行政部门的工作重心转移到管理和服务建设，主要包括全民健身、运动竞技、体育产业的宏观规划、指导和监督等方面，要求体育部门围绕学校的竞技体育建立起相关的发展机制，调动社会各界的力量为学校发展竞技体育提供支持。

体育社团在体育活动中扮演越来越重要的角色。作为教育部直属事业单位，中国学生体育联合会（以下简称学体联）应该承担起培养竞技体育后备人才的重担。

政府将学体联各项管理权力下放到社会各个组织，教育部体育卫生与艺术教育司对学校体育教学和竞赛事项由直接领导转变为间接指导，单一的学生体育协会会员制度向多元化发展，引入大批先进的体育设施，制订学校有关竞技体育的规章制度，充分发挥学生的主观能动性。

第一，在现有机构保留的基础上，学体联适当增加一些管理部门，如监督和市场开发部门，保证协会组织的市场化运转，吸纳足够的社会资金来维持自身的发展。

第二，制订相应的训练管理办法和竞赛管理办法。

第三，指导单项学体联的组织和管理工作，提高管理效率，明确划分各部门的职责。各单项学生体协也应当建立相应的组织机构，以便更好地开展学校竞技体育活动。

第四，加强学生体育赛事的招商引资，推动赛事的市场化开发。

三、转变管理机制，构建体教融合运行机制

（一）动力机制

根据主体层次划分，体教融合的动力机制分为以运动员、教练员为主体的微观层次，以学校为主体的中观层次，以国家和社会为主体的宏观层次。各层次主体的需都能为体教融合的发展提供某种动力，这些需求组成一个完整的动力机制。对于学校来说，开展竞技体育赛事活动也是为了满足自身的需求，可以将其视为一种传递媒介。

体教融合动力机制与社会制度、结构和意识影响存在密切的联系。首先，动力机制取决于当时的社会生产力发展水平；其次，动力机制是社会需求和个人需求相结合的产物；最后，动力机制旨在培养体育竞技后备人才为体教融合提供适度的动力。

适度的动力能够推动竞技体育秩序的有序化，满足各主体的需求，调动各主体的积极性，同时将各主体的行为控制在一定的规范之内。因此，在采用体教融合时，需要发挥协同效应。首先，政府应当向管理和服务职能转变，充分发挥宏观调控的作用，通过权力下放来调动社会和学校发展竞技体育的积极性；其次，学校作为个体需求和国家需求的传递媒介，需要协调好矛盾冲突；最后，学生运动员需要为了自身的价值追求而努力，促进自身的全面发展，调动运动训练的积极性。

（二）激励机制

激励机制是指在组织或引导成员的行为方式和价值理念过程中采取的措施，包括激励标准、激励手段和激励过程，体教融合激励机制旨在使各主体的价值观念与体教融合的目标保持一致，激发竞技体育发展的活力。一个健全的体教融合激励机制，有利于调动各主体发展竞技体育事业的积极性，构建起符合社会运行发展的行为规范和价值观念。培养竞技体育后备人才属于公共事业，基于自愿和半自愿的原则，因此在建立激励机制的过程中，应当保证激励的全面性、公平性、灵活性，坚持正向激励和反向压力相结合的原则。学校在分析学生运动员水平时，不能仅从运动成绩分析，而需要从思想、文化等综合素质方

面加以评价，激励措施尽可能有一个良好的标准，能够充分调动学生运动员的主观能动性。

在激励方面，要做到对体教融合学校的激励、对以教练员为主的相关人员的激励、对学生运动员的激励。物质激励和精神激励相结合，构建具有中国特色的体教融合激励机制，为竞技体育事业的发展注入生机。

（三）控制机制

控制机制是指为了维持社会秩序，保证社会这一系统良性地运转下去，采用各种手段，调动各种资源，使社会的个体和群体遵守社会的规范。

体教融合控制机制是指采用各种控制手段，帮助个体和群体遵从体教融合的规范，将他们的行为限制在既定的目标范围内，以维护体教融合的秩序。

从运动员的角度看，控制机制旨在引导运动员建立科学的行为方式和价值观念；从学校的角度看，控制机制为在将学校的职责、权力等限定在一定的范围内，协调各学校的竞争关系；从宏观的角度看，有效的控制机制有利于协调体育系统和教育系统的关系。

体育融合控制机制包括控制手段、对象和过程。控制手段包括法律法规、媒体和自律。学校体协应当制订相应的竞技体育规章，以规范学校、教练的培养活动；社会媒体应当对竞技体育后备人才培养过程进行持续监督；学校应当自我约束、自我监督，充分理解培养竞技体育后备人才的重要意义并对其负责。三种控制手段综合使用，构建起一个完善的"体教融合"控制机制。

（四）整合机制

体教融合整合机制是指在体教融合整合过程中，各要素相互联系和相互作用的原理，旨在协调各方的利益。

体教融合在社会主义市场经济体制下呈现多元化特征，因此建立与市场经济相适应的体教融合整合机制是有必要的。第一，坚持以人为本的科学发展观，整合以学校培养体育竞技后备人才和全面发展的社会主义接班人为重点，构建起纵向和横向的整合体系；第二，协调各方需求，在适当的条件下转化为从事竞技体育运动的动力；第三，借助教育、宣传和社会媒体等方式，推动文化的整合，帮助学生运动员树立集体意识和爱国主义情怀。

建立起有效的体教融合整合机制，适应我国社会主义初级阶段的基本国情，在此基础上整合各种资源，致力于竞技体育事业的发展。

（五）保障机制

体教融合保障机制是指为了避免体教融合系统的畸形发展，采用各种保障手段为其提供必要的资源和条件支撑，以维护体教融合运行的安全性和灵活性。

体教融合保障的对象有竞技体育后备人才培养主体和培养制度。对于运动员、教练员等相关人员的保障，首先，要求拓宽人才流通渠道，利用有限的竞技人才资源来提高资源的整合效率，逐渐建立起以国家投入、社会资源配置和学校体育产业经营为主的竞技体育发展资金保障体系；其次，要科学规划学校体育设施建设和布局训练场地，借助科研团队的优势，提高竞技训练的服务水平；最后，要为运动员的营养摄入、恢复和治疗等方面提供保障。

四、转变项目布局，与奥运战略相衔接

竞技体育发展战略应当以奥运战略为重心，"奥运争光计划"也是我国竞技体育的重要内容。因此，学校在竞技体育项目的布局和设置上，应当与奥运战略项目保持一定的衔接性。

可以结合当地的地貌特征和气候条件，学校充分利用各种优势，合理设置竞技体育项目，要求在立足自身实际情况的基础上，保障学校竞技体育的发展。

第四节　体教融合下学校体育工作改革的 SWOT 分析

SWOT 分析本是管理学领域的分析方法，是由哈佛大学商学院的企业战略决策教授安德鲁斯于 20 世纪 60 年代提出来的。它包含四个维度，即 S 代表优势（Strengths）、W 代表劣势（Weaknesses）、O 代表机会（Opportunities）、T 代表威胁（Threats）。如今 SWOT 分析用于很多领域，已成为很多管理领域的得力分析工具。而 SWOT 分析同样也适用于体育教学方法发展领域，利用 SWOT 分析的模型和框架对体教融合背景下体育教学方法发展的内外影响因素进行分析，它包括四个维度，即 Strengths：我国体育教学方法发展的优势；Weaknesses：我国体

育教学方法发展的劣势；Opportunities：我国体育教学方法发展的机遇；Threats：我国体育教学方法发展的威胁，如表 2-4-1 所示。

表 2-4-1　体教融合背景下我国体育教学方法改革发展的 SWOT 分析

	优势 S	劣势 W
内部环境	S1：我国体育教学方法研究的繁荣性	W1：受传统教学思想的影响
	S2：教学观念发生了改变	W2：侧重于"引进"
	机遇 O	威胁 T
外部环境	O1：国家政策的大力支持	T1：应试教育残留的影响
	O2：高素质的体育师资队伍建设的不断壮大	T2：器材设备的匮乏

一、我国体育教学方法发展的优势

（一）我国体育教学方法研究的繁荣性

我国从 19 世纪末期开始从外国引进体育教学方法，到如今已经有上百年的历史了。在这一个多世纪的时光里，我国的体育教学方法的相关研究越来越繁荣，体育教学方法自身的内涵也在不断丰富。在中华人民共和国成立初期，很多教学模式是从苏联引进的，再加上借鉴了一些其他国家好的教学方法，当时我国的体育教学取得了显著成果。进入 21 世纪，社会所需要的人才规格与质量发生了很大的改变，学校要顺应时代发展，对学生的体育教学方法也必须随之发生改变，"促进学生的全面和谐发展，提高学生的综合素质"的体教融合观念已然成为学校教学实践中的共同取向。这一教学观念着重关注学生的综合素质的提高和全面发展，以这一教学观念为基础的研究逐渐变得越来越多，越来越丰富，体育教学方法逐渐走向成熟。

（二）教学观念发生了改变

教育部印发的《关于深化教学改革，培养适应 21 世纪需要的高质量人才的意见》中指出："改革教学方法是深化教学改革的重要内容。要重视学生在教学活动中的主体地位，充分调动学生学习的积极性、主动性和创造性"。因此，转变体育教学观念是极其必要的做法。转变教学观念，注重学生的主体地位，以学生自主学习为出发点。随着体教融合教学观念的深化，我国的教学环境也逐渐发生改变，对提高教学质量的重视程度也越来越高，更加重视新方法的创造。

二、我国体育教学方法发展的劣势

（一）受传统教学思想的影响

在教学过程中，要发展学生的个性，就要加强"主动性教育"，使学生意识到自己是学习的主体，要达成这一目的，营造民主的、活泼的教学氛围十分必要，在民主的、活泼的教学气氛之中，学生有更高的学习兴趣，能更加积极自主地学习，从而不断提高自身的学习效果和效率。但是，由于受到传统教学思想的影响，我国的教学过于重视教师管理，忽略学生的主动学习，在教学效果上过于偏重"练"和"会"，而忽略了"想"和"懂"，这些都严重影响了学生的个性发展，不利于学生的学习，必须加以改革。虽然一些高校对这种教学思想和方式进行了变革，取得了一定的效果。但是在很多比较偏远落后的地区，这种传统的教学思想和教学方式仍然存在，教师在教学时往往会忽略学生的主体性，对学生进行灌输式教学，这并不适应当前对人才质量的追求，也不符合现代体育教学越来越追求体教融合的发展趋势。

（二）偏重于"引进"

在中华人民共和国成立之前，我国引进了外国的教学方法，到中华人民共和国成立初期，我国直接全盘接纳苏联的教学方法。直到现在，在不同的时期都有引进外国的体育教学方法，引进的教学方法固然是好，可以对我国体育教学方法的不足进行弥补，对我国体育教学方法的内涵进行不断的丰富，但是，引进的体育教学方法缺乏"中国味道"，这些完全不是在中国的环境下提出的教学方法，无法在体育教学中发挥作用，这些没有经过加工改造的教学方法，与中国的体育课堂不匹配，这会给体育教学方法的改革发展带来不利影响。

三、我国体育教学方法发展的机遇

（一）国家政策的大力支持

为了使现今教育能够跟得上时代的发展，国家对体育教育领域进行了一系列改革。第一，国家重新编写和完善了教材大纲，使其中的内容更加适合各科专业和社会发展的需求；第二，国家倡导各个学校要逐步开展学校与学校之间的交流沟通，不断分享学习经验，从而不断提高教学质量，提高学生的体能、体育技术、体育技能、体育素质和体育成绩；第三，国家加大了对高校的资金投入，并引入了很多先进的现代化教学工具，这促使体育教学的环境得到了极大的改善。在体育教学改革过程中，国家政策提供了大力支持，在这个发展机遇之下，我们更要加强改革，以适应"体教融合"新形势的发展，促进体育教育的进一步发展。

（二）高素质的体育师资队伍建设的不断壮大

为了顺应体育教育的改革方向，满足各个高校体育教学实际的基本需要，国家为学校配备了相应的师资，增强各个学校的教学力量、提升教学质量，使高校之中的学生都能受到更好的教育。另外，国家还通过体育院校培养和高素质毕业生的输送等方式来不断壮大高素质体育师资队伍，以提高教师队伍的整体素质，推进素质教育的健康有序进行。

四、我国体育教学方法发展的威胁

（一）应试教育残留的影响

目前，虽然国家在大力呼吁教育改革，但是一些学校始终没有摆脱应试教育的影响，教师并没有真正地将学生看作学习的主体，而是始终对学生进行灌输式教学。而且，一些学校中的课表只是为了应付检查，这种形式主义也不利于学生的学习。教师给学生布置的学习任务，应当是在确保学生安全的前提下让其进行自由活动，使其能自主地完成目标。

（二）器材设备的匮乏

我国地域辽阔，不同地区之间的地理特点、经济特点等都有着很大的不同，目前，我国市区学校内的体育器材设备基本已经落实到位，但是在一些比较偏远落后的山村学校，体育器材设备往往比较匮乏。没有体育器材设备，体育教师对学生进行的体育训练就有着诸多局限；缺乏场地、接力棒，就难以进行田径教学；缺乏篮球场地、篮球、篮板、标志杆等设备，对学生进行篮球的技术与战术训练就只能是空谈，学生接触不到真实的设备，就无法真正地理解某些操作，器材设备的匮乏将会严重影响体育教学的实施，不利于体教融合的落实。

第三章 体教融合背景下学校体育教学工作改革

本章主要介绍体教融合背景下学校体育教学工作改革，分别对体育教学内容改革、体育教学方法改革、体育教学模式改革和体育教学评价改革进行详细介绍。

第一节 体教融合背景下学校体育教学内容改革

一、体教融合背景下的体育教学内容

（一）体育教学内容的概念

体育教学内容是为了实现体育教育的目的，对学生进行有目的的体育知识和技能的教学而建立的知识体系。

在对教学内容进行选择的过程中，既要充分吸取以往的经验和教训，又要遵循教育发展的客观规律。根据各种体育教学理论慎重地选择最有利于学生全面发展的教学内容。体育教学内容是联系师生的重要环节，是师生之间进行信息交换的重要环节，也是影响教学效果的重要因素。

（二）体育教学内容的特征

1.健身性

体育运动最直接的结果就是提高身体素质和增强体质。体育教育的内容包含体能训练、运动知识掌握和技术学习。在体育教育的开展过程中，需要遵循适度的原则，采用有效的引导方式，引导学生参加体能训练，促进学生身心健康发展。

2.娱乐性

由于体育活动大多是由游戏演变而来，因此体育教学内容一般都能引起学生的兴趣，并具有一定娱乐性。这种娱乐性体现在学生克服各种困难、携手合作、追求成功的过程中，也体现在学生通过亲身经历，感受到自己的进步所带来的成就中。学生对一项体育活动产生浓厚的兴趣，常常是因为它所表现出来的娱乐性。

3.运动实践性

体育教学过程实质上是学生进行体能训练的过程。在此过程中，学生既要对教学内容有深刻的了解，又要按要求进行体能训练，通过持续的训练，加强肌肉记忆，从而提高体育成绩和技能。体育教学要注重理论联系实际，既要注重理论知识的传授，又要注重实践，这样才能达到知行合一的培养目的。

4.人际交往的开放性

体育教学内容以集体活动为主，场地需要不停地变换。体育教学活动中的师生、学生之间有着频繁的交流，在人际交往过程中呈现明显的开放性特征，有利于构建良好的师生、学生关系，锻炼学生的社会适应能力。

（三）体育教学内容选择的原则

1.基础性原则

在体教融合的大背景下，体育教学的核心宗旨在于切实增强学生的身体素质，推动其身心健康的全面发展。因此，在选择体育教学内容时，务必以遵循基础性原则为根本，从基础性的知识着手，让学生先掌握好基础性体育知识。此举旨在确保学生在参与体育活动的过程中能稳固根基，培养其良好的运动习惯与思想道德品质，从而使体育活动成为他们终身受益的宝贵财富。

2.实用性原则

应当对体育教学内容进行相应的调整，保证体育教学内容符合社会发展的潮流，真正地体现出社会发展的需要。所以，在体教融合的大环境下，在选择体育教学内容时，应该以培养学生的体育兴趣和实际的运动技能为重点，为学生进入社会后继续参加体育锻炼奠定良好的基础。在对体育教学内容进行筛选的时候，我们要保证学生学到扎实的基本知识。

3. 适应性原则

在选择体育教学内容时，学校应立足实际，充分考量所在地的经济状况和气候条件等因素。同时，还需要考虑学校现有的体育设施和体育教学资源，精心挑选能满足学生实际需求的运动项目。例如，一些山区不适宜进行足球教学，因此可以考虑引入小球项目作为体育教学的主要内容，以适应地域特色并促进学生的全面发展。

4. 科学性原则

在不同的年龄段，学生的学习水平、学习风格、情绪态度等方面都存在差异。所以，在进行体育教学内容的选择时，要注意到学生的性格差异，要将各个年龄阶段学生的身体和心理发展情况都考虑进去。例如，在中小学时期，因为学生的心理还没有发育完全，所以要多选一些有趣的体育活动，这样才能提高他们的学习兴趣，激发他们的热情。而在中学、大学阶段，我们可以根据学生的生理、心理发展特点，进行一些有益于其体质增强的体育活动，从而达到全面发展的目的。

5. 兴趣性原则

学生的学习态度甚至学习效果在极大程度上受学习兴趣影响。鉴于此，在甄选体育教学内容时，我们务必深入考虑学生的个人兴趣及学习需求，恪守实事求是的科学态度，优先选取广受学生欢迎，能培养学生积极主动学习态度的教学内容，从而取得更为理想的学习成果。

二、体教融合背景下体育教学内容的改革策略

（一）遵循以人为本理念，满足体育教学主体的需要

在体教融合的大环境下进行体育教学内容改革时，首先要树立以人为本的核心理念，保证各项教育活动与学生的全面发展密切相关。在此基础上，根据学校的具体情况和学生的特点，认真选择适合学生学习的教学内容。在当今的体育教育中，学生的主体地位越来越突出，而学生的体育需求也呈现多样化、动态变化的特征，我们应该在适当的时候，增加一些趣味性比较强的体育运动，如健美操等，来丰富大学生的体育文化生活，同时也能让大学生的体育参与热情得到提高，从而构建出一套科学、合理、有效的体育教育系统，为学生的全面发展奠定良好的基础。

（二）重视隐性体育教学内容

在体教融合的大背景下，隐性体育教学内容包括德育教育内容和体育精神方面的教育内容，是学校体育教学系统中的重中之重。在推动学校体育教学的过程中，要加强对学生集体意识的培养，提高学生的道德素质。这既可以让学生牢固地掌握体育知识与技术，又可以让学生更好地融入一个既有竞争又有挑战的社会环境，为今后的发展奠定一个良好的基础。

（三）增加健康体育内容

鉴于当前丰富的健康知识已融入体育教学内容，有效地促进了体育运动与健康教育的融合。为此，我们有必要进一步扩充健康体育知识的内容，增设更多有益于学生身心健康的体育活动。同时，应适当删减不适宜的体育教学内容。我们应根据学生的身心发展状况，精选更具针对性的教学内容，全面增强学生的体质，并有效促进学生的身心健康。

（四）引入新兴体育项目和民族传统体育项目

随着我国经济实力不断增强，体育产业不断壮大，越来越多的现代化运动项目开始涌现。调查显示学生更喜欢参与高科技、时尚的体育项目，如攀岩、野外求生等。学校可以考虑引入一些新兴项目，以激发学生更积极地参与体育教学。考虑到我国的多元民族特色，学校可以引入一些民族传统体育项目，这样可以提高学生的文化素养，同时有助于传承我国优秀民族文化。持续改进和优化体育教学内容对体育教育的可持续发展至关重要，这对我国大众体育的发展起着积极作用。

第二节　体教融合背景下学校体育教学方法改革

一、体育教学方法概述

（一）体育教学方法的含义

体育教学方法是教师采用的实用教学方式或工具的总称，使用体育教学方法的目的是实现体育教学的目标和任务。可以通过不同角度来深入了解体育教学方法。

1. 体育教学方法是"教"与"学"的统一

要想最大化地发挥体育教学的价值，就需要教师和学生双方进行深入且高效的互动与沟通，以促进教师的"教"与学生的"学"紧密结合。教师和学生是体育教学活动的两大核心主体，体育教学的主要内容是"教师的教"和"学生的学"。恰当的体育教学方法是增强师生互动的有效手段。

2. 体育教学方法是师生相互作用的活动方式的总称

体育教学方法综合体现在师生相互作用的活动方式，其实施过程体现在师生的互动环节。相较于其他文化学科的教学方法主要聚焦于语言要素，体育教学方法则更为强调动作要素的核心地位。在体育教学过程中，教师需要充分展示动作，并辅以详尽的讲解与适时的纠错，以帮助学生深入理解教学内容，熟练掌握相关技能，进而提升其整体技能水平。

3. 体育教学方法与教学目标不可分割

运用任何一种体育教学方法都需要依据特定的思想和目标。体育教学方法是学校体育教学活动中的一个重要环节，它的正确运用将直接影响整个课程的教学效果。在选用教学方法过程中，教师应对学生进行全面、深入的研究，确定好教学目标。

4. 体育教学方法的多元化功能

现代体育教学，在培养学生掌握基础体育知识和技能的同时，重视学生综合素质的发展，这说明体育教学方法的功能是多元化的，既可以增强学生的运动能力，还可以提高学生的思想道德素质，促进身心发展。

（二）体育教学方法的选择

1. 选择体育教学方法的依据

（1）体育教学目标

体育教学目标具有多元性，包括技能发展、身体发展、知识发展和社会发展等。不同的体育教学方法适应不同的教学情境和教学目标，教学目标之间不是孤立的，是层层递进式的关系，区别表现在侧重的方向不同。体育教学方法应当在教学目标的指导下开展体育教学工作，提高体育教学质量和效果。

（2）体育教学内容

体育教学方法应当结合具体的教学内容进行选择。例如，技术动作教学需要教师进行示范，直观地呈现在学生面前，以便学生理解和运用，而理论知识的教学，则依赖于语言的表述。因此，不同性质的体育教学内容需要采取与之相适应的教学方法，同时注重方式的灵活性。

（3）体育教学环境

体育教学环境是影响体育教学方法的另一个重要因素，如体育场地和设备、课时要求、班级人数及外部的社会文化环境。还有一些直观教学法依赖于一定的教学器材，这就需要考虑学校现有的资源条件和体育设施情况。

此外，体育教师应根据现有的教学环境和教学条件，选择最实用的教学方法，实现体育教学目标。

（4）学生的实际情况

作为体育教学方法实施的对象，学生在体育教学中处于主体地位，教学方法的直接目的在于提高学生的学习效率。这需要考虑学生的身心特点、学习风格和现有的运动基础等实际情况，选择最适合学生发展的体育教学方法。

不同年龄阶段的学生呈现不同的身心发展状况，大学生和中小学生之间的身心状况存在较大的差异，因此采用不同年龄阶段的体育教学方法应当尊重学生的个体差异性，选择能激发不同年龄阶段的学生体育学习热情的不同手段和方式。此外，教学方法还需要因人而异，对于学习能力较强且有一定运动天赋的学生来说，可以在学生承受的负荷内适当增加运动量和提高要求；对于缺乏一定运动能力和兴趣的学生，也要积极地给予鼓励，调动他们对运动学习的积极性。

（5）教师自身的素养

由于体育课堂教学的主要实施者是体育教师，因此体育教师的教育能力和教育心态等素质将影响体育课堂教学质量。当教师的教学水平受限时，就算掌握了有效的教学方式，也无法充分发挥其作用，达不到应有的教学效果。所以，体育教师就需要根据自己的实际素养和教学风格，选用合适的教学方法。

一般来说，体育教师掌握的教学方法越多，在开展体育教学工作中的灵活性就越大，越能从众多的教学方法中选择出最适宜学生发展的方法。这就要求体育教师不断提高自身的综合素养，掌握多种科学有效的教学方式。

2.选择体育教学方法的要求

（1）一般性要求

首先，学校体育教学方法必须遵循教学的客观规律；其次，体育教学方法必须在学校课程目标的指引下建立并进行；再次，体育教学方法必须和学校体育教学模式相适应，符合学生的学习风格和身体特征；最后，体育教学方法必须根据教师的自身素质，以及本校已有的课程要求去选择。

（2）具体要求

第一，体育教师应当掌握多种体育教学方法，做到既能理解技能形成的每个环节，还能懂得如何将自己的想法和见解以一种生动、易懂的形式传授给学生。在了解学生身心特点的基础上，将思想道德教育渗透到体育教育，选择更具针对性的体育教学方法。

第二，体育教师应当遵循多中选优的原则。采用一种体育教学方法来满足一切教学情境是不现实的，任何一种教学方法都有自身固有的优势和不足，需要体育教师结合教学的实际，选择适合当下情境的教学方法。因此，教师应当构建一个体育"教学方法库"，按照一定的标准将教学方法进行分类，从中选择最适宜的一种。

第三，教师应当掌握比较的方式。同一个教学目标，可以采用多种教学方法来实现，体育教师要做的就是选择一种最高效、最省时的教学方法，这需要将不同的教学方法进行对比。例如，体育教师在评估学生理论知识技能的掌握程度和个性发展等要素时，充分了解每一小类体育教学方法的适用范围和条件，整理出教学任务最适合采用的教学方法，然后进行综合分析和比较，从中选择最佳的方法。当体育教师能高效使用各种教学方法时，势必取得事半功倍的效果。

3.选择体育教学方法的注意事项

（1）注意师生之间的协调和配合

体育教学工作的展开，需要教师和学生的共同参与，师生的互动和默契有利于构建良好的教学环境，提高教学质量。因此，在体育教师选择教学方法时，需要同时考虑"如何去教"和"如何去学"两个层面。

传统的体育教学以教师为绝对的中心，教学方法仅围绕教师"如何去教"层面，忽视了学生在教学中的主观能动性。现代体育教学方法要求师生相互配合，教师在教学的过程中，要充分考虑学生的情绪和感受，与学生保持高度的互动，这才有可能取得良好的教学效果。

（2）注意学生内部与外部活动的配合

学生的学习行为是内外部活动综合作用的显现，内部活动表现在学生的心理过程和生理反应等，外部活动体现在学生的动作水平、情绪等。

第一，体育教学方法的选择要求学生的内外部活动相互配合。第二，体育教师需要及时注意到学生内外部活动的变化，并分析原因，采用适合的教学方法给予学生恰当的指导，调动学生参与体育活动的积极性。第三，分析多种体育教学方法，明确何种教学方法与何种教学内容相适配，根据教学的实际情况选择最适合的教学方法。

（3）注意不同学习阶段的前后配合

在体育活动学习的过程中，不同阶段的学生呈现的身心特点和学习风格存在差别。在选择体育教学方法时，体育教师需要考虑学生不同阶段对知识学习的配合性，实现知识和技能的过渡和提高。

学生在体育学习过程中，都会经历从陌生到熟悉、从生疏到熟练，在学习最开始的阶段，学生的学习以模仿为主，再慢慢地向"创造"过渡。在选择体育教学方法时，应注意"模仿阶段"和"创造阶段"的配合，以及二者之间的联系和区别。

二、体教融合背景下体育教学方法的改革策略

（一）避免教学方法的单一性

在体育教育领域，体育教师肩负着推动教学方法创新与改革的重任。为了使体育课不枯燥乏味，体育教师应当致力于探索和实施新颖的教学方法，以激发学生的学习兴趣。在当前体教融合的大背景下，体育教师要脱离传统的教育方法，勇于创新，突破束缚，根据学生的特点，创建有利于提高学生体育训练技能的教学方法，使学生的自学、协作学习能力得到最大程度的提高。

（二）促进学生的全面发展

在体育教学过程中，体育老师要充分了解学生的实际情况，将他们的兴趣

爱好与他们的身体和心理发展特征相联系，采取科学合理的教学方法，保证每一个学生都能在体育教学中得到相应的发展和提高，从而促进学生的全面发展。这一举措，既提高了体育教育的质量和效果，又为高校体育教学方法的改革增添了活力。

体育教师要根据学生的身心特征、已有的运动基础等因素，积极地选择合适有效的教学方法，在对学生传授必要的体育知识与技巧的同时，也要注意对学生品德的培养，为学生的全面发展奠定良好的基础。另外，要把体育理论知识和学生的生活实际联系起来，把课堂教育和社会教育相结合，使学生在德智体美劳等方面得到均衡发展。

（三）实现教与学的有机统一

从某种意义上讲，体育教学是教师和学生之间的互动过程，二者缺一不可。所以，要使体育教学取得最佳的效果，就必须正确地处理好教师与学生、教学方法和内容之间的关系。

在实施体育教学时，必须把学生放在第一位。在进行教学方法革新时，必须把学生的实际状况融入其中，选择适合学生发展的教学内容，这也要求教与学相互统一。

高校体育教学改革工作需要长期坚持，必须根据时代的发展而不断优化与调整。随着现代信息技术在教育领域普及，体育教学方法和教学方式得到了很大的发展，丰富了学生的学习体验。为此，我们要从学校、教师和学生的实际出发，对教学方法进行大胆的改革，让学生在轻松愉悦的学习氛围中实现全面发展。

第三节　体教融合背景下学校体育教学模式改革

一、体教融合背景下的体育教学模式

（一）体育教学模式的概念

关于体教融合背景下体育教学模式的界定，学界众说纷纭，现将几种具有代表性的观点整理如下。

第一，体育教学模式是指在特定的体育教学思想指导下，体育教师所开展的教学活动，其呈现一种相对稳定的课程教学结构。

第二，体育教学模式亦可以视为在特定体育教学思想指引下，以体育教学某一具体主题为核心，构建起来的教学模型。

第三，体育教学模式可定义为体现某种教学理念和规律的体育活动策略体系，涵盖教学主体、教学方法等层面。

第四，在特定的教学目标和环境下，体育教学模式旨在实现某一特定教学目的，它是一套完整的教学活动和框架体系。

第五，体育教学模式是在教学理论的指导下，结合体育教学实践设计出的各类体育教学活动模型。

第六，体育教学模式是受体育教学思想影响而构建的具备特定功能的体育教学模型。

这些观点从不同角度对体育教学模式进行了阐述，各有侧重，但都强调了体育教学模式在体育教学实践中的重要性和应用价值。

综上所述，可以给体育教学模式下一个普遍的定义：反映特定体育教学思想，在实践中构建的具有稳定性的教学程序，旨在实现体育教学的阶段性目标。

（二）体育教学模式的特点

在多年的教学实践中，教育领域已形成了丰富多样的体育教学模式。这些教育模式各有特点，有些注重构建和维持教师与学生之间的关系，有些注重制订和实现教学目标。在体教融合的大背景下，虽然不同的教育模式有着不同的应用方式和范围，但是从总体上看，它们还是具有一些共同的特点。

1. 整体性

现代体育教学模式的构建离不开教学思想、教学目标及教学评价等核心要素的深度融合。在实施过程中，需要从全局出发，通盘考虑，强调各要素之间的内在联系与协同作用，确保它们能有机地融入并贯穿于整个体育教学流程。

2. 简洁性

体育教学模式的简洁性使得其在实际教学中具有广泛的应用价值。它不仅为教师提供了一个清晰的教学思路，同时也为学生提供了一个明确的学习路径。在体育教学过程中，教学模式能帮助学生更好地理解体育知识和技能。通过简化复杂的教学内容，以直观、易懂的方式呈现，学生可以更快地掌握运动技巧，提升运动水平。

3. 操作性

体育教学模式并非空洞的理论知识，而是具有具体的、切实可行的操作程序。首先，体育教学模式能反映一定的教学规律，与教学实际相适应深化师生对体育的认识；其次，体育教学模式相当于理论与实践的"媒介"，为体育教师提供具体的操作流程。

4. 稳定性

体育教学模式具有相对的稳定性，不管体育教学内外部环境发生怎样的变化，教学模式在基本程序和流程上都不会发生很大的变动。如果某种教学模式在被应用时需要进行较大的调整，说明些教学模式尚未构建成功。

5. 开放性

体育教学模式的稳定性，并不意味着模型形式一成不变，恰恰相反，体育教学模式的形式应当在具体的教学实践中不断进行补充和完善，与时俱进，这体现了体育教育模式开放性的特点。

（三）体育教学模式的功能

1. 解释与启发功能

（1）发展体能教学模式

体育教学模式通常是以一种简洁明了的手段来阐述较为复杂的现象，而体能教学模式通过建立一个整体的框架，用通俗易懂的语言来加深体育教师对模式的认识和运用，其内容主要包括以下三个方面。

第一，阶段性的体能目标实施与反馈控制理论。

第二，为体育教学提供系统的、持续的指导。

第三，非智力、非体力因素参与体育活动并促进体育技能教学的发展，由于体能发展比较枯燥，因此需要通过非智力、非体力因素来激发学生进行体育活动的积极性和主动性。

（2）教学目标与教学评价

某个特定体育教学模式的关键环节可能决定着整个体育教学活动开展的效果，主要体现在制订教学目标和形成性评价当中，具体表现如下。

第一，对体育学习活动进行综合性的评价。

第二，对学生体能进行预先测验并进行评价。

第三，对教学单元中的诸多体能目标在教师的指导下进行练习。

第四，以评价的结果为依据制订矫正措施。

第五，以学生的身体条件与体能素质为主要依据，科学安排每一单元的体育教学活动。

（3）发展体能教学模式的意义

首先，体现了教学中的诊断、确立目标、反馈和矫正功能；其次，坚持了集体化教学和因材施教相结合的原则，注重培养学生的锻炼习惯，提高学生的认知。

体育教学模式的构建有助于师生共同关注某个具体的教学环节，这体现了教学模式的启发引导作用。

2. 简化功能

复杂的内外部环境赋予了体育教学活动多变性和特殊性的特点，仅仅依赖人们的思辨和语言文字来开展体育教学活动存在较大的困难，需要采用一些简化的方式。

在体育教学模式的结构框架中，各要素和教学环节之间存在密切的关联性，能清晰地看出组织结构和框架流程。体育教学模式与现代体育教学目标相适应，在注重教学原理的同时，也关注行为技能的学习，具体表现在以下三个方面。

第一，重视学生的学习目标和制订教学方案。

第二，关注学生对体育知识技能的学习和掌握程度。

第三，充分反映了现代体育教学理念，具有可操作性和完整的教学流程及教学结构框架。

此外，与抽象的教学理论相比，体育教学模式更加具体、简洁，符合教学的实际情况，容易被体育教师理解和接受，为其开展教学活动提供基本的操作流程。

3. 中介功能

中介功能是指在教学模式和教学实践之间起着承上启下的作用，具体表现如下。

第一，体育教学模式为教学实践提供可操作的流程和策略。

第二，体育教学模式指导体育教师进行教学活动，及时发现教学中存在的问题，并采取有针对性的措施。

体育教学模式的中介功能在一定程度反映了体育教学指导思想和相关的体育教学理论，体育教学模式的操作程序能被体育教师直接加以利用，指导体育教学活动的实践。

体育教学模式在体育教学理论和教学实践之间发挥纽带作用。教学理论具有普遍性和抽象性特点，经适当地转化后可以为教学实践活动提供理论指导，体育教学模式则不需要考虑转化的问题，它既包括了理论知识的学习，也包括了运动技能水平的提高，是一项切实可行的教学模型。

以启发式教学方法为例，它的具体过程是设定教学情境—开展最初的尝试性训练—提出基本问题、创造新情境、充分调动学生的积极性、产生探究动力—洞察、展望、剖析、对比、提出假设、思考—进行实验操作、证明假设、得出结论—开展正常的运动技能教学、完成单元教学，这为体育教师提供可操作的体育教学流程。

4. 调节与反馈功能

只有在实践中经过验证，体育教学模式才能被证实具有科学性。体育教学模式需要在一定的条件下，依据明确的教学指导思想实施。在实施体育教学模式时，如果之前设定的教学目标未实现，就需要仔细地分析每一个环节和要素，以便找出存在的问题，并对原因进行深层次分析，为以后的教学工作奠定良好的基础。

5. 预测功能

体育教学模式具有预测功能，可以对体育教学的进程和结果进行精确的评价和预测。预测功能能够为每个学生量身定制最适合他们的体育教育方案。这将有助于激发学生的学习兴趣，提高教学效果，实现真正的因材施教。预测功能将结合信息技术，为学生打造更加生动、逼真的体育学习环境，让学生在体验中学习，提高学习效果。

二、体教融合背景下体育教学模式的改革策略

（一）目标趋向情意化

通过对教学理论进行深入探讨和对教学经验进行实践，我们可以发现，中小学生的智力和非智力因素都对他们的学习行为起着重要作用。与以往过于重视智力因素的教学模式相比，当今的体育教学模式在巩固学生的基本知识的同时，也把重点转移到了培养学生的情感、人格和道德品质上。随着社会对人文教育的重视程度的加深，对中小学生进行人文情感培养的重要性日益凸显。情感活动对于中小学生的发展来说非常重要，在发展学生的独立性、情感丰富性和创造性方面具有其他因素无法取代的作用。如果我们在体育活动教学中巧妙地设置问题情景，激发学生的兴趣和求知欲，那么他们的学习热情就会被有效地调动起来。在浓厚的兴趣驱使下，学生会以极大的动力、坚毅的意志、旺盛的求知欲，对运动的知识与技巧进行深度的探究与学习。这样既能激发学生内心深处的求知欲望，又能有效地提高学习效果，为新时期青少年的全面发展奠定良好的基础。

（二）形式趋向综合化

在实践中，体育教育模式的形式呈现"综合化"特点。由于学科体系的复杂性及体育课程时间的限制，单一的体育活动很难达到提高学生体质、促进身心健康的目的。课上主要以讲授新知识和纠错为重点；而课下就成了学生练习、巩固和提高的一个重要时段。为此，我们在关注学生课上学习情况的同时，也应该关注学生对课下时间的利用，这样才能真正地促进学生的全面发展。

近年来，国家高度重视体育教学的发展，陆续发布了一系列政策，旨在鼓励和引导学校体育教学的改革。当前，对于"课内外一体化"教学模式的研究十分热门，然而，由于实践探索尚显不足，缺乏明确的操作指引，该模式尚未真正实现全面落地。因此，未来对于"课内外一体化"教学模式的研究仍具有极大的必要性和紧迫性。

（三）实现手段趋向现代化

随着信息技术的高速发展，现代科学技术在教育领域得到了广泛应用，体育教学中的教学工具越来越高端。在体育教育领域运用现代科技成果，不但大大方

便了教师的教学，而且还能提高学生的学习效率。现代体育教育已经与现代化的教育技术手段进行了深入的整合。

（四）评价标准趋向多元化

对不同的教学模式，采用的评价机制也会存在差异。现代信息技术的飞速发展和基础教育课程的改革，都对教学模式产生了一定的影响，体教融合背景下的体育教学模式中的评价体系呈现多元化的趋向。

在传统的教学模式下，学校和教师过分看重终结性评价，没有把学生的学习过程和情感态度放于首位，评价方式比较单一。而体教融合背景下的体育教学模式，能深入学生学习的内在动机和认识的提高等层面，重视学生的过程性评价、学生的自我评价和单元评价等。

（五）研究趋向精细化

对理论进行研究，旨在指导实践研究和活动，并对实践进行总结，脱离实践的理论研究毫无意义，但当下对于体育教学模式的理论研究多表现重复、与实践脱节等特征。

为了提高体育教学方法研究的深入度与广泛性，应当贯彻理论和实际相结合的原则。因此体育教学方法的研究过程，必须经历由一般教学方法研究到课程模式研究再到教学模型研究的整个发展过程。而教学模式的研究则趋于细致，分为学年、单元和课程教学模式研究等。精细化研究是目前各大学校对体育教学模式研究的重要趋势。

第四节 体教融合背景下学校体育教学评价改革

一、体教融合背景下的体育教学评价

（一）体育教师教学评价

1.对体育教师专业素质的评价

在体教融合的背景下，体育教学工作显得尤为重要，其中，体育教师在整个教学过程中占据主导地位，发挥着举足轻重的作用。体育教师的教学素养直接决定了体育教学的质量和效果，进而影响学生的全面发展。具体而言，体育教师的专业素质主要包括以下四个方面。

（1）思想政治素质

思想政治素质，作为体育教师不可或缺的基本素质，具体体现在体育教师对政策的深入贯彻与全面落实、高尚的道德素养、严谨的教学态度及良好的行为习惯等方面。此外，体育教师的思想政治素养亦涵盖道德素质这一重要内容，它要求教师必须尊重学生、关爱学生，对待工作应持认真负责的态度，并应平等公正地对待每一位学生。关于教师思想政治素质的评价，则可采用教师自评与学生评价等方式。

（2）知识结构素质

体育教师的知识结构素质，作为教育领域中不可或缺的一部分，涵盖了多个方面的内容。其中，教育学和体育学等基础理论知识的扎实掌握，无疑是体育教师知识结构素质的基石；同时，体育教师对运动项目相关知识和技能的深入了解与熟练掌握，以及对教学规律和学生生长发育规律等的深刻认识，也都是其知识结构素质不可或缺的重要组成部分。

（3）能力结构素质

体育教师的能力结构素质包括两个方面，即生理素质和心理素质。从生理上看，体育老师要有良好的身体素质，这是保证各种体育活动正常开展和有效开展的前提；从心理上看，体育教师要有坚强的意志和坚韧的品质，即使在教学过程中遇到各种困难和问题，也要保持初心，努力克服一切困难，以便成功地实现教学目标和高效率地完成教学任务。

（4）教师自身发展的素质

教师自身发展素质是指体育教师学习和接受一切新事物的能力。在当前体教融合背景下，体育教育的发展对体育教师提出了更高的要求。体育教师要不断学习和吸纳新的教育观念，拓宽视野，丰富知识结构，进一步推进学校体育课程改革。只有提高自身发展的素质，才能教好学生，从而推动学校体育教育事业的健康和可持续发展。

2. 对体育教师课堂教学的评价

在体教融合背景下，体育教师课堂教学的评价内容包括教学过程的评价和体育教师对教学活动的有效性的评价，具体内容如下。

（1）课程标准的贯彻

贯彻课程标准的评价，包括体育课堂教学是否围绕课程标准进行，是否完成标准中规定的教学任务。

（2）教学思想

思想观念支配行为活动，在现代体育教学活动中，体育教师应当贯彻"健康第一""终身体育"等指导思想，确保体育教学活动的顺利开展，提高教学效果。

（3）教学内容

体育教学内容应兼具丰富性与针对性，确保知识点全面覆盖的同时，又能凸显核心要点。在体教融合背景下，体育教学内容务必与教学目标保持高度一致，这不仅是体育教学活动的基本要求，更是推动学生全面发展的重要途径。在筛选教学内容时，应注重提高学生的体能水平、技能掌握程度、心理素质及社会适应能力，实现学生综合素质的全面提高。同时，体育教师应秉持适度原则，结合学生的个体差异与实际情况，科学安排运动负荷，确保体育教学内容在科学性与思想性之间实现有机融合。

（4）教学方法

在教学过程中，教师应遵循因材施教的教学原则，确保所选用的教学方法能有效激发学生的学习兴趣，促进学生全面发展。同时，教学方法的选择还应符合学生的身心发展过程，能培养学生的创新性思维。此外，师生间的互动与交流也是评价体育教师教学方法的重要考量因素。

（5）教学技能

在推进体育教学工作时，体育教师应充分利用学校现有的资源和设施，为学生创造良好的体育氛围。体育教师要把每个知识点和技能动作讲解清楚，如果需要，还应该亲身演示，以保证学生能对有关的知识和技巧有全面、深刻的了解和掌握。

针对在体育教学过程中可能遇到的各种意外情况，体育老师要保持冷静，及时稳定学生的情绪，并采取行之有效的对策，保证学生的人身安全和课堂教学活动的正常进行。

（二）学生学习评价

在体教融合背景下，综合评价学生的体育知识学习情况，是体育教学评价体系中的关键一环，对于体育教师深入了解教学任务的实际完成情况及学生的体育学习成效具有重要意义。在激励学生学习、激发学习兴趣方面，体育学习评价发挥着至关重要的作用。同时，通过整合评价所反馈的信息数据，能为下一阶段的体育教学工作提供有力的数据支持和参考依据。以下是关于学生体育学习评价内容的具体阐述。

（1）体质健康水平

体育教学目标旨在提高学生的身体素质，实现学生的全面发展。在对学生体能进行考核时，根据《国家学生体质健康标准》中的各项参考指标，对不同的年级采用不同的考核标准。

（2）学习态度

学生的学习态度也影响体育教学效果。对学生的学习态度进行考核，有利于刺激学生努力学习、不断进步，确保体育教学工作的顺利开展。对学习态度的考核，参考以下指标。

第一，能否积极参与体育教学活动，考核学生的出勤情况。

第二，能否主动进行思考，反复练习体育动作。

第三，能否集中注意力投身体育学习。

第四，能否虚心接受体育教师的指导。

（3）知识技能

开展体育教学活动旨在帮助学生学习体育基础知识，掌握一定的运动技能。考虑到学生的学习能力、现有的运动基础等的差异性，在对学生知识技能考核时也应当采用相应的标准。在考核学生的理论知识时，主要分析学生对有关知识的理解和运用。

（4）学生的心理健康水平和社会适应能力

对学生的心理健康水平和社会适应能力进行评价也是体育教学评价中的重要一环。心理学研究表明，积极、乐观和自信的态度是心理状况良好的体现。学生的社会适应能力表现在尊重他人和具备良好的团队协作能力。对这两项能力进行评价，可以参考相应的心理学量表进行测试。

二、体教融合背景下体育教学评价的改革策略

科学、合理的教学评价对体育教学具有重要意义。一方面，教学评价能有效增强学生自信心，帮助他们端正学习态度，使学生的潜能得到最大程度的发挥，同时能培养学生的创新意识；另一方面，教学评价也是衡量教师体育教学效果的重要手段，通过评价教师可以及时发现教学过程中出现的问题，从而有针对性地改进和完善教学方法，进而提高自身的教学水平。

在体教融合背景下，教师需要与时俱进，不断对体育教学评价进行改革。具体而言，可以从以下四个方面着手推进。

（一）更新体育教学评价的理念

在国家实施素质教育的过程中，体育教育是一个非常重要的环节，体育教学评价必须符合时代的特点和发展的需要。教师要注重更新体育教学评价理念，建立科学、全面的评价体系。更新体育教学评价的理念，需要强调评价的多元化和个性化。每个学生都是独特的个体，他们在体能、技能、兴趣等方面存在差异。因此，教学评价不应仅关注学生的运动成绩，更应注重他们在体育学习过程中的表现、进步和潜力。通过多元化的评价方式，如观察记录、自我评价、同伴评价等，可以更全面地了解学生的学习状况，发现他们的优点和不足，从而为他们提供更有针对性的指导和帮助。

（二）采取多维度的体育教学评价目标

包括运动参与、运动技能、身体健康心理健康、社会适应健康等方面，逐渐构建了一个全方位、多维度的体育教学评价目标体系。

在体教融合背景下，体育教学评价目标已呈现更为多元的态势。现今，体育教学不仅要评价学生运动的参与情况和运动技能的掌握情况，还要评价学生的身体健康状况、心理健康状况及社会适应性等。这一转变标志着体育教学评价正在逐步形成一个多维度的评价体系，从而更好地了解学生。

（三）运用多元化的体育教学评价方法

1.教师评价与学生评价相结合

在传统的体育教学评价体系中，教师是评价的主导者，承担着组织评价工作、

确定评价内容的责任，这样的体育教学评价方法是不全面的。因此，在体教融合背景下，对体育教学评价方法进行改革是非常有必要的。具体来说，应该建立一个多元的评价体系，包括教师对学生评价、学生对教师评价、学生之间评价和学生自评，从而促进学校整体水平的提高。

2. 结果性评价和过程性评价相结合

在体教融合背景下，体育教学评价体系的完善与深化显得尤为重要。我们应坚持结果性评价和过程性评价的有机统一，在注重结果性评价的同时，重视对学生学习体育课程过程中的学习态度、情感等因素的评价。通过对这些非量化因素的观察和评价，我们可以更全面地了解学生的学习状态，及时调整教学方法。

3. 定性评价和定量评价相结合

在体教融合背景下，体育教学的评价应当坚持定性评价和定量评价的结合。例如，在篮球教学中，不仅以学生投篮数量来评价学生的运动水准，还需要分析学生在学习过程中的学习态度、体能素质等指标。在专项体能教学中，如跑步、引体向上等，规定一个量化的指标，以确保教学目标的实现。

4. 整体性评价与个体差异性评价相结合

学生的体育学习效果的评价，一定程度上反映了体育课程教学的质量，但在实际的体育教学活动中，学生存在身体素质、性别等方面的差异，因此在整体性评价的基础上，必须区别对待，坚持因材施教的原则，对学生进行个体差异性评价。整体性评价与个体差异性评价相结合的体育教学评价方式，有利于帮助学生建立学习体育的自信心，对自身的学习情况有一个更全面的认知，有效地提高学习效果和教学质量。

（四）建立全面有效的体育教学评价机制

在体育教学中，体育教学评价必不可少。体育教师应该根据教育目标，不断地学习和吸纳新的教育理念。在此基础上，建立全面的体育教学评价机制，保证学校体育教学工作有序高效发展。有效的体育教学评价机制，对提高高校体育教育的质量、提高大学生的综合素质，起到了积极的推动作用。

第四章　体教融合背景下学校体育课程思政的改革

随着我国社会经济的稳步发展与教学改革的不断推进，学校体育教学正逐渐获得社会各界的普遍重视与深切关注。在积极组织体育教学活动的过程中，众多学校已逐步将重心转移到深入挖掘教学中的思想政治教育资源，力求在促进学生身体健康发展的基础上，进一步促进其思想道德修养的提高。因此，在学校开展体育课程思政是非常有必要的。

第一节　体教融合背景下学校体育课程思政的设计

一、学校体育课程思政设计的理论基础

当前，我国政府对教育事业的发展给予了高度重视，并要求全面实施素质教育，促进教育公平。因此，构建全面人才教育培养体系显得尤为重要，将课程思政融入各学科教育之中，是时代赋予人才培养的重要使命。

（一）以人为本教学理论

自 17 世纪起，"教学论"便作为一门独立的学科崭露头角，众多学者倾注心血于现代教学原理与方法的深入研究，所获得的研究成果是现代教学得以发展的有力支撑。其中，以人为本的教学理论为我国学校体育课程思政的建设与实施提供了理论支撑。教育的最终目标是实现人的自由发展及满足人的基本需求。以人为本的教学理论强调对人进行综合素质教育，注重实现人的全面发展，对于推动教育改革起到了积极的促进作用。

以人为本的教学理论不仅符合教育的本质要求，也符合社会发展的时代潮流。

它要求教师在教学过程中，要尊重学生的个体差异，关注学生的全面发展，努力营造和谐、积极、富有创造性的教学环境，以培养具备创新精神和实践能力的新时代人才。以人为本的教学理念，应该从以下方面来把握：根据教学目标分析，以人为本的教学理论强调个体自我价值的实现与综合素养的全面发展；根据教学活动分析，学生的自我价值体现在潜能的深度挖掘与正确价值观的塑造上；对于学校体育课程思政而言，在以人为本理念的指引下，课程旨在引导学生在参与多样化的体育活动中，增强体质、锤炼心性、塑造坚韧不拔的性格，进而实现全面而和谐的发展；从教学原则的视角审视，以人为本的教学理论致力于构建融洽的师生关系，该理论要求教师应充分尊重学生的个体差异，并施以关爱，从而为学生的全面发展奠定坚实的基础；在教学方法层面，以人为本的教学理论强调启发式教学，引导学生在教学过程中深化情感体验，实现知识与情感的双重提升。

通过分析我国体育教学现状可知，体育教学仍存在"重技术传授、轻价值引领"的问题。针对这一问题，体育教师需要在以人为本教学理论的指引下，结合体育教学发展的客观规律，积极推进学校体育课程思政建设，以实现学生的全面发展。

（二）社会中心课程理论

课程理论是一种以课程为对象的研究理论，随着课程实践的发展而不断更新，国内学者结合学校的教育目标、教育经验、组织方式和目标的实现等方面分析课程原理，为现代课程理论奠定了基础。在这些课程理论中，社会中心课程理论在指导学校体育方面具有重要的意义。

社会中心课程理论将社会的实际问题与课程设计结合起来，要求教学活动将学生从繁重的学科作业中解放出来，在关注社会的实际问题中加深对理论知识的运用和理解。用社会中心课程理论指导学校体育课程思政，打破了传统体育教学中"唯技术动作论"的格局，要求科学设计教学方法，关注集体主义教育，让学生在集体活动中掌握理论知识和技能。

因此，学校开展体育课程思政应当做好以下工作。首先，注重课程教育与社会之间的联系，理解教育和课程对改造客观世界的重要意义，体育教学在重视体育知识和技能传授的同时，应当加强思想政治教育。其次，重视实践的重要性，要求通过集体合作的方式完成学习任务，让学生在实际的体育运动中感悟人生价值。最后，重视和谐师生关系的建构，体育教师应当坚持以学生为中心的原则，为学生的全面发展营造良好的学习环境。

二、学校体育课程思政设计的要素分析

为了深入推进学校教育的改革进程，确保体育课程与课程思政协同并进，当前教育工作者应深入分析学校体育课程思政的设计要素。为了实现这一目标，教师必须紧密结合体育学科的特性，在确保学生身心健康得到全面发展的前提下，精心策划学校体育课程思政。

（一）学校体育课程思政设计的基本原则

1. 以马克思主义为指导的原则

我国各个学校在办学过程中都必须遵循马克思主义的指导思想。学校在进行体育课程思政教学时，要紧紧围绕马克思主义为核心，在丰富多彩的体育活动中，培养学生的爱国情感和道德情操。

首先，我们要在体育教学中，进一步建立起以马克思主义为中心的思想政治理论课。随着全球一体化进程加快，当代大学生的思想观念受到了极大的影响。为此，学校要主动采用有效措施，将体育教学与思政教育融为一体，帮助学生树立起正确的价值观、人生观。体育老师在教学过程中，要坚持以马克思主义为指导，将思想政治教育融入体育教学的每个环节。在此过程中，要与国家主流意识形态相契合，以促进学生全面发展。

其次，要将社会主义核心价值观贯穿于学校体育课程思政教育。在我国，以马克思主义为指导思想，以学生为中心的学校体育课程思政工作是一项重要的工作。在立德树人过程中，要发挥好教学的正面功能，根据社会的发展需求有针对性地培养政治觉悟高、思想品德高尚的人才。同时，营造一个正面、健康的思政教育氛围，培养人格健全、品格高尚的学生，深化社会主义核心价值观在学生群体中的作用。

最后，在弘扬社会主义核心价值观的过程中，发挥"领头羊"的作用。在学校体育课程思政建设中，体育教师是第一负责人，深刻理解国家的大政方针，提

高自身的政治敏感度，立足于党的利益和国家的利益，致力于推动现代体育课程的改革，在体育教学的过程中用自身的人格魅力和言行举止去感化学生，发挥榜样作用，潜移默化地影响学生的思想观念和行为。

2. 问题导向性原则

为了推进学校体育课程思政教学的进程，一定要坚持以问题为中心的根本原则，加深对问题的了解，从根源上有效地解决问题。

第一，要敢于面对问题，要善于发现和深刻分析问题。目前学校体育教学仍然有诸多问题。一是体育教师队伍综合素质亟待提高、结构不合理；二是以培养学生的品德、智力为主，忽视了对学生人格的培养；三是一些学校的体育课程只流于形式，并没有真正体现出体育之美；四是体育教学只关注知识和技能的传授，缺少对体育精神的深入介绍，大部分课时都用于讲解技术知识，课上很少讲解与体育有关的文化和历史知识。因此，为了在学校深入开展体育课程思政教学，我们必须正视上述问题，并采取切实有效的措施解决问题。只有这样，才能为课程思政在体育教学中的有效融合创造有利条件，推动学校体育课程的全面发展。

第二，以科学的方法研究问题的解决之道。近几年，为了促进青少年身心健康发展，国家出台了许多相关政策。教育部更是明确指出各级学校要切实加强体育建设。国家出台的相关政策将许多体育教学中出现的问题考虑在内，为体育思政课程的发展提供了新的契机。当前，我国高校体育课程思政工作面临着许多亟待解决的问题。首先，要提高体育师资队伍的整体素质，体育老师应树立终身学习理念，不断提高自己的道德、政治和专业素养，在体育教学中做好表率，不但要增强学生的体质，还要帮助学生提升道德、政治修养；其次，对体育教学内容进行拓展和创新，学生是体育教学的主体，课堂是体育教学的主阵地，教师应鼓励学生参加体育活动，在教授体育技能的同时也要教授学生体育文化知识，注重体育教学的实践性，将思想政治教育贯彻到体育活动中，结合学生的心理特点，引导学生正确的言行举止，充分发挥学校体育教学的育人作用；最后，切实发挥体育的教育教学功能，体育教学不仅要增强学生的身体素质，帮助学生掌握一定的运动知识和技能，更重要的是培养学生团结友爱、爱国敬业、艰苦奋斗等优秀品格，帮助学生更好地理解体育精神和体育内涵，实现学生在德智体美劳等方面的全面发展，为终身体育奠定基础。

3. 可操作性原则

学校体育课程思政设计旨在为体育课程思政教学提供指导依据，帮助体育教师在开展体育活动的过程中融入思想政治教育理念，将知识技能的学习与正确价值观的建立有机地结合起来，为学校的体育课程思政教学提供保障。这就要求体育教师在学校体育课程思政设计的过程中，综合考虑教学目标、教学内容和教学方法等，并付诸体育教学实践。因此，学校体育课程思政设计必须坚持可操作性原则。

首先，学校体育课程思政设计，必须坚持实事求是的原则，结合现有的实际条件，根据学生的实际发展需要、学校的教学实际和时代发展的要求。例如，在目标设计的过程中，体育教师的教学水平和学生的接受能力都是需要考量的因素，应当在突出本校的办学宗旨和特色的基础上，针对现有的体育教学问题进行教学目标设计，要求教学目标简单易懂、切实可行，避免形式主义；在进行教学内容设计时，体育教师应当善于把握体育素材中的思想政治元素，在秉承社会主义先进理念的基础上，选择体育时政热点，并对选择的素材进行有序整合，为体育课程思政教学实践做好铺垫。

其次，学校体育课程思政设计，应当在兼容并包的原则上，强调体育课程的学科特点。在实施体育课程思政方案的过程中，应当突出体育课程思政的立德树人作用，同时遵循客观的体育教学规律。与一般的文化课程不同，体育教学重视实践性，要求学生进行一定强度的身体练习，因此体育教学的场所大部分在室外或室内体育馆。在教学的过程中，体育教师应当富有感染力，既要用生动形象的语言向学生传达标准的体育姿势，又要亲自进行示范，以加深学生的理解，帮助学生掌握相应的运动技巧。学校体育课程思政的开展需要围绕体育课程的学科特点，在丰富多样的体育活动中融入思想政治教育元素，潜移默化地影响学生的情感和行为，在锻炼学生身体素质的同时，实现思想道德上的提升。

（二）学校体育课程思政目标设计

1. 学校体育课程思政的目标体系及其关系

鉴于各学校在体育课程设置方面存在差异，为了确保体育课程思政目标体系的科学性与有效性，有必要从多个角度出发，建立健全体育课程思政的结构。

学校体育课程思政在改革过程中有明确的目标。许多教育界学者就思想政治教育展开了广泛的讨论，教育部门也明确指出，学校的体育教学一定要突出立德树人的理念，做到有的放矢，让学生在快乐的体育教学中增强体质。要做到这一点，就需要在各个学科的课程系统中，把思想政治教育有效地整合起来。所以，学校体育课程思政工作要始终以培养具有扎实的学识、崇高的理想、良好的道德品质的人才为目标，这是学校体育课程思政的主要任务。

作为学校课程体系中的一部分，体育课程对促进学生身心健康和全面发展具有重要意义。因此，为了确保学校体育课程思政工作的顺利实施，我们一定要将思想政治教育资源加以充分利用，组织一些有趣且有教育意义的体育活动。在一定意义上，学校体育课程思政目标体现在具体的体育教学实践中。作为学校体育课程思政目标的下位概念，体育教育内容能一定程度上反映各学校、各年级和各项体育运动对学生的具体要求，是学校体育课程思政目标在具体的体育运动项目中的体现。因此，学校体育课程思政目标，应当根据不同的体育内容或活动，进行相应的调整。

由此可见，学校开展课程思政的目标、学校体育课程思政目标，以及各年级各项体育运动项目的课程思政目标的关系在于，课程思政目标起着纲领性和指导性的作用，各年级各项体育运动项目的课程思政目标是学校体育课程思政目标的具体体现。

2. 学校体育课程思政目标设计的依据

在学校体育课程思政建设中，其目标设计也要有据可依。

第一，学生全面发展的需求是学校体育课程思政目标设计的依据。学校体育课程思政目标，则是在坚持"以学生为本"的基础上，在增强学生身体素质的同时培养学生的思想道德素质，实现学生的全面发展，这样的目标才是科学的，才能为体育课程思政实践活动提供理论指导，激发学生参与体育活动的热情，满足身心发展需要。

第二，学校体育课程思政目标遵循的依据在于当下社会形势的要求。个体的发展，离不开社会和团体活动。现阶段我国社会对人才的要求越来越高，培养既有一技之长，又有着崇高的道德素质的社会主义现代化建设接班人是学校开展教育教学工作的重要使命，这也是推动我国社会可持续发展的必然要求。因此，在学校体育课程思政目标的设计过程中，需要充分发挥体育教学的育人作用，帮助学生塑造健全的人格，以适应社会时代发展的需要。

第三，学校体育课程思政目标的设计需要立足于体育课程的学科特点。从文化学视角出发，学科是文化的基本构成和集中体现的产物。课程设置的目的在于：一方面，继承人类的文化遗产；另一方面，推动人类文明的进一步发展。体育学科实质在于通过教学活动实现对体育文化的传承，帮助学生在掌握一定的体育知识和技能的同时，加深对体育文化的理解，弘扬优秀的体育精神。因此，学校体育课程思政目标设计，应当围绕体育课程的知识进行。

3. 学校体育课程思政目标确定的原则

在长期的教育实践活动中，教育界得出一个结论：学校课程目标的设置应当得到学科专家和教师的认同，并经过教学实践的检验。因此，适应性、可行性和相融性是学校体育课程思政目标确定的原则。

适应性是指在确定学校体育课程思政目标之前，需要考虑本校的实际情况、学生的身心特点和现有的体育运动基础。经过一段时间的学习，学生在理解能力、判断力、接受能力等方面有了一定的提升，这就要求学校体育课程思政目标的确定与学生的身心发展需要相契合。此外，考虑到不同学校有着不同的特色，不同阶段学生的知识水平存在差异，这就要求体育课程思政的目标，在坚持共性与个性的同时，既能反映体育教学的一般规律又能具体问题具体分析，结合现实状况进行确定。

可行性要求学校体育课程思政目标是学生经过一定的努力能够达成的，具有可操作性和现实的可行性。这就要求体育课程思政目标的设计者能结合各种影响目标实现的因素，确保目标与学校教学的实际相一致，充分考虑学生的接受能力和接受程度，避免目标的理想化和形式主义。

相融性是指学校在确定体育课程思政目标的过程中，将课程目标与学生的个人目标相结合。随着"不忘初心、牢记使命"主题教育的开展，作为当代学生，应当脚踏实地，坚守本心，为自己的未来和国家的发展不懈奋斗，致力于实现中华民族的伟大复兴，因此学校体育课程思政目标要求能引导学生在正确的轨道上发展，将学生的个人目标与体育课程思政目标融合，能充分调动学生参与体育活动的积极性，确保体育课程思政的顺利开展。

4. 学校体育课程思政目标的定位

定位是指经测量后确定的位置。就学校体育课程思政工作而言，需要结合体育课程思政的目标来开展。定位学校体育课程思政目标，就要做到理解体育课程思政工作开展的各种条件（条件目标）、实施过程（过程目标）和最终需要达成的效果（效果目标）。

条件目标是指在学校体育课程思政目标的实施过程中具备的主客观条件。

过程目标是指在体育教学过程中学校体育课程思政目标实施的过程，包括体育课程思政的研究、体育实践内容、体育教师的继续教育等。对于体育教师来说，要求其能主动开展有关体育课程思政研究的工作，在体育教学中渗透思想政治教育；对于学校来说，应当定期对体育教师进行培训，不断提高体育教师的专业素养和师德素质。

效果目标是指学校体育课程思政目标实施的最终成果，即学校体育课程教育教学达成的实际效果，包括学生的心理健康水平、道德品质素养和社会适应能力等。

（三）学校体育课程思政内容设计

1. 学校体育课程思政内容选择的指导原则

课程思政并不是一门独立的课程，它是指将思政教育融入学校的课程体系，使思政教育在各科教学中都有所体现。在体育教学中开展思想政治教育能在无形中提高学生的政治修养。因此，体育教师要立足于体育课程的本质特征，筛选出合适的学校体育课程思政内容，根据体育教学规律对课程思政的内容进行合理的规划与设计。在此过程中，我们应坚守以下原则，以确保思政教育与体育课程教学的深度融合，共同促进学生全面且健康的发展。

首先，要坚持健身和教学并重的原则。在学校体育教学中，教师要以体育课程目标为指导，开展学校体育课程思政工作。这使学生在参与体育课程学习知识的同时，也能锻炼身体、提高身体素质，加强思想政治教育的指导作用，潜移默化地培养学生的团结协作、公平竞争等精神品质。

其次，要坚持时代性与传承性相统一的原则。时代性是指体育课程思政的内容要与时代发展相契合，传承性是指体育课程思政的内容要与学生的实际生活紧密相连。因此，课程思政的内容必须与时俱进，不断创新，既要符合当代教学改革的要求，也要关注学生的全面发展与个性化需求。我们可以尝试将更多元化的民族体育项目纳入课程体系，如武术、太极拳、龙舟等，为学生提供亲身感受中华优秀文化的宝贵机会，帮助学生树立高度的文化自觉和文化自信，在继承的基础上实现对文化的创新和发展，培养学生团结协作、勇往直前的精神。

再次，要秉持科学性与可行性相统一的原则。科学性是确保体育课程思政内容合理、准确的基础，可行性是确保体育课程思政工作能顺利实施的关键。体育课程思政内容应当紧密结合体育学科的知识体系，不仅要注重形式上的创新，更要注重实际效果的提高。只有确保体育课程思政内容既科学又可行，才能真正实现体育课程与思政教育的有机结合，为学生的全面发展提供有力的支持。

最后，要坚持预设性与发展性相统一的原则。对于学校体育课程思政内容的选择，要求体育课程富含正确、成熟和科学的思想政治教育元素，选择热点体育素材，以丰富体育教学内容，在满足学生身心健康发展需要的同时，增强学生的社会适应能力。

2. 学校体育课程思政主要教育内容

课程思政的建设必须围绕政治认同、家国情怀、文化素养、宪法法治意识、道德修养等重点优化课程思政内容供给，提高教师开展课程思政建设的意识和能力，系统进行中国特色社会主义和中国梦教育、社会主义核心价值观教育、法治教育、劳动教育心理健康教育、中华优秀传统文化教育，坚定学生理想信念，切实提高立德树人的成效。学校体育课程思政建设，需要充分利用体育课程教学中的思想政治教育资源，让学生在参与体育活动的过程中塑造健全的人格，树立崇高的理想和信念，这就需要做好以下事项。

第一，注重身心健康教育。当代社会对学生有了更高的时代要求，不仅要求学生具有丰富的文化理论知识和实践精神，还要求学生拥有强健的体质和健康的心理，只有满足这些条件，学生才能在复杂多变的社会市场中占据主动地位。体育教学注重学生的身体练习，在增强学生体质的同时，促进学生的心理健康。一是在进行体育活动时，学生需要充分调动自身的视觉、听觉和触觉，了解体育动作的技巧，在反复练习之后加强运动记忆，这能很好地锻炼学生的思维能力，进一步提高认知水平。二是学生进行身体活动，能很好地改善自身的情绪，提高调节能力和自制力，培养积极乐观的心态，磨炼自身的意志和品格。三是体育教学以集体活动为主，提供了学生更多与体育教师和其他同学的互动机会，扩大了学生的社交范围，在一定程度上提高了学生的社会适应能力。由此可见，学校体育课程思政工作建设，应当结合体育课程教学的各种优势，加强对学生的身心健康教育，培养学生健全的人格，树立正确的人生观和价值观。体育教师在向学生传授运动技能知识的同时，还需要积极普及健康卫生知识，及时疏导学生焦躁的心理，帮助学生战胜困难的信心。同时，学校还应当完善体育课程心理健康教育内容，构建科学的学校体育课程思政内容体系。

第二，加强理想信念教育。尽管我国竞技体育事业起步较晚，发展历程较短，过程十分曲折，但是我国在体育事业领域取得了举世瞩目的成就，赢得全世界的尊重。体育健儿们的辉煌战绩坚定了我国体育强国梦，增强了国民的民族自豪感和自信心。对于学校体育课程教学而言，其在向学生传授体育知识和技能的同时，也传授体育历史、体育文化和体育精神，体育教师需要在体育课堂上融入鲜活的素材和体育运动感人事迹，加深学生对体育运动价值的理解，培养社会责任感和使命感。随着改革开放的深入，人们的物质生活得到极大满足，由于互联网中的各种思想文化的渗透，学生容易受影响。因此，开展好体育课程思政教学工作，对于加强学生的思想道德教育显得尤为重要。

第三，加强爱国主义教育。在体育课程教学中加强爱国主义教育，能更好地发挥课程教学的育人作用，培养学生的爱国情怀和民族向心力。在开展体育教学活动的过程中，体育教师应当结合体育课程的学科背景，为学生展示中华人民共和国成立以来我国在体育事业中取得的成果，以此激发学生的爱国热情和强国信念，为各项课程教学提供思想政治上的引导，将爱国情怀转化为学习的动力，在日常的学习和生活中表达对祖国的热爱之情。

第四，加强集体主义教育。将集体主义教育融入学校体育课程思政内容，帮助学生正确处理集体和个人利益的关系，自觉树立国家利益高于一切的坚定信念。体育教学具有鲜明的集体性特征，因此学生在参与体育活动的过程中，要充分发挥协作意识，依靠团队的力量攻克难关。体育教师要充分利用学校现有的各种条件，在体育课程思政教学中培养学生的合作意识、规则意识等。

第五，加强民主法治教育。个人作为社会中的一员，不可能脱离社会进行实践活动，对于学生而言，走进社会才是其目的，这就需要在此之前树立一套科学的行为规范和价值理念，自觉遵守社会中的规则。学校体育教学活动具有规范性和约束性，学生在掌握体育知识和技能的同时，也需要主动遵守运动规则。因此，体育教师应当将民主法治教育渗透到体育实践，让学生在现实的情境中理解社会主义核心价值观，成为一个遵纪守法的中国公民。此外，体育教师需要切实加强体育课堂纪律管理，要求学生主动遵守体育规则和爱护体育设施，这也是民主法治教育的实际体现。

第六，加强奥林匹克精神教育。奥林匹克精神展现了人类文明与进步，激励着人们积极参与体育运动，追求民主和平等，实现全世界的和平发展。在学校体育课程思政中渗透奥林匹克运动精神，能使学生在面对困难时，克服恐惧和畏难的心理，勇往直前，磨炼自身的意志。

3.学校体育课程思政内容组织的基本方式

学校体育课程思政内容在育人方面具有重要的意义。它是实现课程思政目标的前提和保障，在锻炼学生体魄的同时，让学生在参与体育运动的过程中培养崇高的品质和思想作风，坚定理想信念。因此，在选择学校体育课程思政内容时，需要充分挖掘体育课程的思想政治教育资源，突出育人效果。有学者就课程内容的组织提出了连续性、顺序性和整合性三项原则，为后来的课程改革提供重要的借鉴。

我国教育教学在长期的实践过程中，逐渐确立了以直线式和螺旋式、纵向组织和横向组织、逻辑顺序和心理顺序为主的三种课程内容组织方式。考虑到学科的特性，课程内容的组织方式应当有所调整，对于体育课程思政而言，具体表现在以下方面。

（1）坚持螺旋式为主、直线式为辅的课程组织方式

学校体育课程思政，要以帮助学生掌握一定的运动知识和技能为教学重点，同时将思想政治教育元素贯穿体育实践活动的各个环节，让学生受到思想政治教育的熏陶，提高自身的思想道德水平，培养全面发展的社会主义建设者和接班人。考虑到体育课程思政具有教学环境相对开放、教学场地宽广、师生的互动性高、以身体锻炼为主等特点，对于具有增强体质和价值引领的作用的课程内容，应当采用螺旋式方式，进行反复练习，以提高教学效果。例如，体能训练能培养学生

吃苦耐劳的优良品质，篮球、足球等团队项目则能帮助学生树立协作意识和集体精神。学生在实际的体育活动中，往往承担不同的角色，有利于丰富自身的角色体验，培养社会责任感，对于涉及体育运动的历史等理论知识，应当采用直线式的组织方式。

（2）采用横向组织和纵向组织相结合的手段

学校体育课程思政以体育课程为载体，在体育教学活动中融入思想政治教育，此时采用横向的组织方式能打破学科间的壁垒，加强体育活动与思想政治教育的联系，在锻炼学生身体素质的同时，将学生培养成具有健全品德、远大理想的有志青年。此外，体育教师在组织课程内容时应当重视课程内容的纵向衔接性，由于不同学段，体育教学内容存在差异，因此体育教师应当致力于体育运动项目之间的纵向衔接的研究，各个学期的体育课程内容与思想政治教育内容相适应，优化课程组织结构，最终构建起一个纵横交错的课程网络体系，以实现学校体育课程思政目标。例如，在设置个人技能类课程的同时，兼顾群体技能课程，帮助学生在追求个人价值的同时，认识到团结协作的重要性。

（四）学校体育课程思政实施设计

1. 学校体育课程思政实施的基本原则

首先，我们必须坚定不移地遵循从实际出发的基本原则。体育教师应该从学校和学生的实际情况出发，根据学校的特点和学生的身心发展规律精心组织课程思政教学活动。另外，体育教师还应努力探寻学校体育课程思政的规律和资源，只有这样才能提高体育课程思政教育的质量。具体而言，这主要体现在以下两个方面。

一是体育老师要有高尚的教育观念，不断提高自己的道德素质。在体育教学中，体育教师要把思想政治教育元素充分地挖掘出来，让学生在参加体育运动的同时，引导学生深入思考体育运动的内涵和价值，增强他们的社会责任感和公民意识。

二是体育教师要持续更新教育教学理念，不断反思体育教学工作，时刻关注国内外体育教育的最新动态与趋势。体育教师应根据体育课程改革的趋势，对教学内容、手段与方法进行科学合理的调整与优化，积极推动学校体育课程思政建设的创新发展。

其次，在推进学校体育课程思政实施的过程中，应遵循潜移默化的原则。在体育课程中逐渐渗透课程思政的内容，使学生在接受体育教育的同时，学到思政知识，树立正确的价值观，规范自身的行为。因此，体育教师在教学实践中应当致力于为学生营造一个思政教学环境。具体而言，主要体现在以下三个方面。

一是体育教师要主动和学生建立良好的师生关系。如果学生遇到了困难，体育教师要对他们进行心理辅导和思想教育。体育老师要与学生定期交流互动、关爱学生、关注学生的成长，以确保学生健康成长。

二是体育教师可以采用小组训练的方式，让学生一起参加体育活动，培养学生的团队协作精神，从而促进学生全面发展。

三是体育教师也应深化校园体育文化建设，在潜移默化中培养学生的爱国精神。

再次，一定要坚持言传身教原则。体育教师是学校体育教学活动的组织者，其言行举止对学生有直接影响。因此，体育教师要为学生做好示范，身体力行，鼓励学生朝好的方向发展，培养学生良好的道德品质。具体内容如下。

一是体育教师需要不断地加强自己的业务技能，充实自己的理论知识，以便更好地将正能量传递给学生，并在潜移默化中影响学生的思想。

二是体育教师要以身作则，把社会主义核心价值观落到实处，提高自己的素质，让自己的行为变得更加规范，为学生树立良好的榜样，发挥积极的表率作用。

最后，必须坚定不移地贯彻循序渐进的原则。学校体育课程思政教育是以培养学生健康人格为目标的系统性工程，其实施需要一个长期、渐进的过程。所以，体育教师一定要严格遵循学生身心发展规律，循序渐进地开展学校体育课程思政工作。在具体的体育教学中，体育教师要认真选择教学内容，确保所讲授的内容既符合学生的身心发展特点，又与思想政治教育要素相结合，以提高学生的政治素养。

2. 影响学校体育课程思政实施的因素

学校体育课程思政作为培养学生全面发展的重要环节，其实际推进过程中会受到来自多个方面的因素影响。通过深入研究体育教学文献，并结合体育课程实践教学经验，笔者将学校体育课程思政实施的影响因素系统地归纳为以下 4 个方面。

（1）学校体育教师的特征

在学校体育课程思政实施过程中，体育教师起到至关重要的作用，直接影响课程思政实施的效果，具体表现如下。

一是体育教师的教学态度。在体育教学活动中，绝大部分教师以一种积极、开放的态度组织体育课程内容，自觉探索将思政资源融入学校体育课程的渠道，但仍有少部分体育教师沿用传统的教学方法，导致在教学活动中开展课程思政效果不明显，一定程度上影响了学校体育课程思政的实施。

二是体育教师的教学能力。在体育课程改革深入背景下，体育教师被赋予了更高的要求，需要具备扎实的理论知识、崇高的师德和社会责任感。然而，在现实的教学活动中，体育教师在知识结构、科研能力等方面个体差异较大，对于教学能力强的体育教师而言，开展学校体育课程思政教学自然轻松愉悦，但对于教学能力相对欠缺的体育教师而言，则存在一定难度。

三是体育教师间的合作。考虑到体育运动项目的多样性，体育教师之间需要充分地交流和沟通，加强合作，为深入开展学校体育课程思政教育创造良好的平台。

（2）学生的特征

作为教学活动的关键主体，学生在学校体育课程思政的实施当中起着重要作用，尽管体育教师能将学生的感知、思维和教学实践联系起来，但没有学生的参与和配合，这一切都无从谈起，具体表现如下。

一是学生的主观能动性。课程思政教学离不开体育教师的精心设计和组织，同时也需要学生的积极配合，这是确保学校体育课程思政顺利实施的主体要素。

二是学生的评价反馈作用。事实上，学校体育课程思政建设过程也是师生互动、交流的过程。在此期间，体育教师利用多种教学手段和方法，引导学生通过合理的体育运动项目来培养自身的思想道德素质，学生的学习态度、学习能力和与同学相处的状况通过学生的言行而一目了然。根据反馈的各种信息，体育教师应当及时发现在体育教学活动中出现的问题，并采取积极的措施加以解决，为体育课程思政的实施提供保障。

（3）学校的特征

一是学校的环境。体育设施、教材等是开展学校体育课程思政的硬件资源，学校的校风、学风等则构成了学校体育课程思政的软件环境，当学校的体育设施完善，学习氛围浓厚时，能有效提高学校体育课程思政的实施效果。

二是学校的支持机制。一方面，学校应当注重体育教师的培训，重视体育教师的思想政治教育，加强师德建设；另一方面，学校应当为体育教师的教学工作提供各种必要的条件，避免因为一些硬件上的困难阻碍学校体育课程思政的实施。

（4）学校体育课程思政本身的特征

对于学校体育课程思政而言，其自身的特征也是影响思政实施的重要因素。具体内容如下。

一是学校体育课程思政的可行性。想要确保学校体育课程思政的顺利实施，应当立足于学生身心发展的需要，能被大部分体育教师接受和认可，符合体育教学的客观规律及具有现实的可操作性。

二是学校体育课程思政的复杂性。学校体育课程思政的实施不宜过于复杂，否则会给体育教学工作带来较大的困难，表现为学校体育课程思政内容不被体育教师理解，在转化过程中存在阻碍，影响学校体育课程思政的开展。

3. 学校体育课程思政实施的基本要求

从学校体育课程教学现状来看，可能存在重技术和技能的传授，轻精神价值引领；重技巧，轻理论等问题，因此在开展学校体育课程思政的过程中，体育教师需要做好如下工作。

一是，重视体育活动在塑造学生健全人格方面的作用。我国现阶段的学校体育课程以开展体育运动项目为主，强调体育教学的实践性，这在提高学生体质、掌握运动技巧等方面具有良好的效果。但如果体育教学过分强调身体练习，忽视体育精神的教育，体育教学的育人作用就难以发挥。因此，在开展学校体育课程思政中，在重视身体运动的同时，注重挖掘运动过程中的不畏困难、团结友爱等精神资源，帮助学生养成良好的体育习惯并树立正确的思想价值观念，从而提高体育课程思政的效果。

二是，重视对学生体育理论知识的讲解。在体育课程的构成要素中，体育理论知识占据重要地位，能帮助学生从理论的角度加深对开展体育活动的价值和意义。传统体育课相对主科课程课时少、课程内容单一是多数学校体育教学的通病，体育理论课程的设置更是少之又少，这就导致学生的体育理论知识基础薄弱，在人体健康等方面的理论知识不足。因此，加强对学生体育理论知识的教育，能有效缓解体育教学活动中"重技巧、轻理论"的矛盾，丰富学生的运动与健康知识，帮助学生用科学的理论知识指导体育锻炼。

三是，积极向学生传播体育历史和优秀的体育精神文化。我国体育发展历史悠久，最早可追溯到原始社会时期的人们求食和攻防活动，再到奴隶社会的"六艺"教育，封建时期娱乐健身体育项目的兴起，展现了我国在不同阶段的体育历史文化知识。事实上，体育历史折射出一定的文化，是开展德育、美育的重要载体，也是学校体育课程思政的重要组成部分。

四是，立足于强国梦，帮助学生坚定理想信念，体育强国梦是中国梦的重要组成部分。自中华人民共和国成立以来，我国在历届奥运会上不断取得骄人的成绩，尤其是改革开放后，奖牌数位居世界前列，逐渐由"体育大国"向"体育强国"蜕变，在增强民族自豪感、提高综合国力等方面具有深远的意义。因此，学校体育课程思政建设，必须紧扣体育强国梦这一主题，帮助当代学生树立正确的民族观、国家观，培养高度的社会责任感和使命感。

（五）学校体育课程思政效果评价设计

1. 学校体育课程思政效果评价的原则

在开展学校体育课程思政建设中，想要提高课程思政实施的评价效果和质量，就需要贯彻以下基本原则。

（1）客观性原则

教育工作者和学生在进行评价时，务必要坚守客观公正的原则，根据实际情况，对学校体育课程思政工作作出公正、真实的评价。在评价学校体育课程思政实施效果时，需要充分了解学生在经过一段时间的体育课程思政工作后的认知、情感和行为方式上的变化；综合分析体育教师的教学水平和教学态度，在掌握真实的信息数据后进行正确的评判。

（2）全面性原则

对学校体育课程思政实施效果的评价需要全面、深入、客观地进行，以确保评价结果的准确性和有效性。这一评价过程需要涵盖学校体育课程思政的各个环节和流程，从课程思政的宏观和微观层面进行综合性的评价。

从宏观层面来看，我们需要对学校体育课程思政的整体规划和目标设定进行评价；从微观层面来看，我们需要对学校体育课程思政的具体实施过程进行评价。

（3）发展性原则

要求体育课程思政评价结果应能切实提高广大体育教师的工作热情，使其更加积极地投身于学校体育课程思政工作。同时，评价结果应能进一步促进学生健康发展，实现教学质量与效果的显著提高。为此，要完善体育课程思政效果评价体系，体育教师需要将集体主义和爱国主义纳入评价指标，为学生的全面发展奠定坚实的基础，同时推动学校体育课程思政工作的持续健康发展。

（4）多样性原则

多样性原则是指采用多元的评价手段和方法，对学校体育课程思政效果进行评估，包括他人的评价与自我评价、定期性评价与经常性评价、过程性评价与结果性评价。

2. 学校体育课程思政效果评价的内容

学校体育课程思政效果评价在设计的过程中，应当明确其评价的范围，以便收集完整和准确的信息，结合体育课程评价的有关理论，对于学校体育课程思政评价内容，可以从宏观和微观两个层面进行探讨。

（1）宏观层面

宏观层面评价指评价学校体育课程思政计划和实施效果，要求在学校体育课程标准的指导下，对学校体育课程思政开展情况进行整体的评价，从而深入挖掘学校体育课程教学中的思政因素，分析实施的可行性，并及时发现实施过程中存在的各种问题，以完善学校体育课程思政体系。具体来说，学校体育课程思政评价内容如下。

一是学校体育课程思政计划是否与教育培养目标、社会发展要求保持一致。

二是学校体育课程思政计划在促进学生的全面发展是否有效。

三是是否编制了学校体育课程思政的规范性文件，如教学计划。

四是是否建立相关的机制，以挖掘学校体育课程中的思想政治教育资源。

五是学校体育课程思政效果的评价，包括对学生学习效果的评价（如学生的体能心理素质、价值取向、社会适应性等）和体育教师教学效果的评价（体育教师的专业素质和课堂教学情况等）。

六是学校体育课程思政实施保障状况，包括学校现有的体育教师师资和培训计划、校园体育文化建设、体育场所及体育设备等。对上述内容进行评价并在此基础上获得反馈结果，能及时发现学校体育课程思政存在的问题，以保证学校体育课程思政建设的顺利开展。

（2）微观层面

微观层面评价具体包括学校体育课程思政目标、内容及实施的评价。学校体育课程思政目标为开展学校体育课程思政工作提供指导依据，也是检验学校体育课程思政效果的标准，评价内容包括课程思政目标是否与学生全面发展一致，是否与国家教育大纲和学校培育要求相符，是否具有可操作性等，对学校体育课程思政实施效果进行科学、全面的评价，在改善课程思政工作和实现课程思政目标等方面具有重要的作用；学校体育课程思政内容是指课程思政建设的各项教学资源，思政内容的评价内容包括学校体育课程思政内容是否与主流的价值观和体育课程标准相符，是否能反映现代体育教学的育人理念，课程内容的组织结构是否合理；学校体育课程思政实施的评价，要求对实施的结果及体育课程思政过程进行综合性评价，及时发现其中的有利条件和阻碍因子，根据反馈的结果对学校体育课程思政实施进行完善。

3. 学校体育课程思政效果评价指标

学校体育是我国现代素质教育的重要组成部分，学校体育课程思政工作离不开学校体育课程思政评价指标体系的构建、评价的多元化，有利于为学校体育课程思政工作提供依据，提高体育课程思政教学质量。

我国目前的教学监督，存在重形式、轻内容的问题，归根结底在于监督体系的不完善和不科学。由此可见，想要建立系统的学校体育课程思政评价指标体系，就需要加强督导队伍建设，将评价指标落实到教学实践。

在建立体育课程思政评价指标体系的过程中，要充分考虑体育学科特点和思想政治教育特征，对原有的课程评价指标体系加以完善。体育课程思政评价指标体系分为"五大维度"。具体来说，在途径维度，要求体育教师不断提高自身的专业素养和思想道德水平，这是学校体育课程思政发挥育人作用的基础要素；在工具维度，学校体育课程思政工作不再局限于运动知识和技能的传授，而是在此基础上渗透思政教育资源，在帮助学生掌握体育运动知识和技能的同时，塑造健全的人格；在关键维度，要求学校体育课程思政工作的开展，从价值引领层面出发，帮助学生树立正确的世界观、人生观和价值观；在核心维度，要求学校体育课程思政工作旨在促进学生的身心健康发展，实现学校体育课程思政目标；在目标维度，其是学校体育课程局政的最终归宿，是构建社会主义和谐社会的关键。

综上所述，对学校体育课程思政要素的分析，包括对学校体育课程思政内涵和特征、基本原则等方面的分析，同时从理论的角度阐析学校体育课程思政的目标设计、内容设计、实施设计和评价设计，为学校体育课程思政体系建设提出了具体的指导意见和建议。

第二节 体教融合背景下学校体育课程思政的实施策略

一、体教融合背景下学校体育课程思政实施方案

（一）以理念革新为基础，深化体育课程思政认识

想要加深对体育课程思政教学核心含义的认识，就需要革新课程思政教育建设理念，这是建立体育课程思政工作体系必不可少的先决条件。为此，在体育课程思政工作构建过程中，必须把体育学科思政教学的构建理念内化于心，并以此为实施体育学科思政工作教学提供理论指导。

体育教师是建设体育课程思政的核心力量，因此体育教师应树立正确的理念，在理念的引导下，开展思政教学工作。体育教师应正确认识体育课程思政，并将其全面融入体育教学的全过程。体育教师不仅要吸收并传递体育课程思政理念，更应身体力行地践行这些理念。然而，在体育课程思政实际建设中，体育教师往往过分偏重于体育技能的训练，而对思政理论的重视不足，这在一定程度上影响了体育课程思政工作的开展。因此，体育教师有必要进行深刻的自我反思，深入学习课程思政的理论知识，以提高体育课程思政的教学水平。

学校是建设体育课程思政的主要阵地。因此，为了顺利开展体育课程思政工作，学校需要为体育教师提供丰富的思政教育资源分享和学习交流的机会。同时，学校还应加强对体育教师的思政培训，帮助他们深入理解并贯彻体育课程思政理念，确保体育课程思政教育能够落到实处，取得实效。

（二）以目标引领为总揽，明确体育课程思政价值

体育教学中的思想政治教育要以培养高素质的竞技体育后备人才为目标，要着眼于学生的全面发展。在现代教育中，体育课程思政不仅承担着德育工作，还在教学中发挥着价值引领作用。通过深入挖掘体育教学中的德育元素，引导学生参与到体育课程思政建设。

我们应确保体育课程思政建设工作稳步前行。在此过程中，我们始终强调将价值引领、体育知识与技能的传授、能力培养三者有机结合。同时，我们将高度重视学校体育课程思政教学，为社会培养具备体育专业知识和政治道德素养的人才，为社会的全面发展贡献力量，推动中国特色社会主义事业不断向前发展。在全局观念的统筹下，教师应致力于将提升思想道德修养水平作为体育课程思政教学的重要目标，确保学生在掌握体育知识和技能的同时，提高思想道德。

（三）以组织实施为抓手，优化体育课程思政教学体系

从管理学的角度来看，组织实施是指整合一定的人力、物力和财力贯彻落实方案和计划的全过程。对于体育课程思政建设组织实施而言，它是方案落地最关键的部分，是实现学生全面发展的根本所在，具体措施包括：首先，加强顶层设计和组织领导，统筹兼顾，以点带面，全面推进体育课程思政的落实；其次，完善支持与保证体系，为体育课程思政建设提供全面的资金、技术、政策、咨询等各类服务，为其发展奠定基础；最后，发挥示范效应，建立体育课程思政建设试点，归纳试点教训和经验，做好宣传和推广工作。

在有力地组织实施下，构建科学的体育课程思政教学体系；在立德树人的指导目标下，制订人才培养计划，结合学校实际和学生发展需要调整教学方案和教学手段，提高体育课程思政教学的学习体验和学习质量，最大程度地发挥体育教学中的育人功能，为中华民族伟大复兴培养优秀的人才。

（四）以机制建设为保障，健全体育课程思政评价机制

教学成效是衡量教学质量的重要标准。鉴于此，在体育课程思政建设的全过程中，我们需要从宏观视角出发，构建科学合理、切实可行的课程思政评价机制。科学的体育课程思政评价机制，在课程思政的指导、规范、监督和激励等方面具有重要的意义，能对体育课程思政的组织实施的过程和结果进行考核和评价，提出针对性的指导意见，调动学校开展体育课程思政的热情，推动体育课程思政的可持续发展。

推动体育课程思政建设，目的是让学生在体育教学过程中，深切地感受到运动的乐趣和锻炼的意义，从而使学生的身心得到充分的发展。构建体育课程思政评价机制是保证体育思想政治教育实效性的前提。在建立这种评价机制的过程中，要从教学手段、教育目标和教学内容三个方面来深入地评价体育教学的全过程。另外，体育课程思政评价的主体包括体育教师、学生和学校。

我们应该从评价内容和评价主体两大维度确定体育课程思政评价标准，构建一个横向的体育课程思政评价模式，建立完善的体育课程思政机制，为培养全面的综合型人才保驾护航。

信息时代的体教融合作为确定体育课程思政目标的重要途径，有利于拓展体育课程思政内容、推动体育课程思政组织和实施，在体育教学中融入思政教育理念，推动体育教学中的思政教育建设，实现学校体育与思想政治教育理念的协同发展。

二、体教融合背景下学校体育课程思政实施途径

（一）加强体育课程思政顶层设计

体育教学在培育学生综合素质方面发挥着不可替代的作用。体育课程思政教育的有效实施途径包括"育体""育智"与"育心"。学校在进行思想政治教育时应当紧密结合体育教学的本质特征，构建特色体育课程。同时，构建政治与体育相互融合的教育机制，确保思政教育与体育教学的深度融合，实现优势互补、协同育人。此外，学校还应加强德育教育，将立德树人作为德育和体育工作的核心目标。通过深入挖掘体育品德这一重要的思政元素，学校可以有效地提高学生的

综合素质，促进其全面发展。

在此基础上，学校还应建立一支专业的思政教育队伍，对体育课程思想政治教育进行整体的规划和实施，为体育课程思政的实施提供全方位的服务，以此来加强高校体育课程思政的顶层设计。同时，为了促进信息技术在体育课程思政教学中的应用，还需要建立网络学习平台。借助网络技术，创造一种新的课程思政教育育人模式，为培养具有崇高品格和完善人格的新一代的年轻人作出贡献。

（二）强化课程思政师资团队建设

为了全面开展体育课程思政教育，践行"四位一体"和"五位并举"的培养目标，学校应积极做到以下几点。

第一，全面更新教师课程思政教学理念。创建"自学、导学、辩学、践学"相结合的培训学习机制，鼓励教师积极结合相关文件精神，仔细研读课程大纲，利用互联网学习、专题培训、专家讲座等方式，强化个人的思政理论基础，加强教师对"课程思政"的理解，使教师可以在教学实践中切实做到强身健体与育人功能并重。

第二，建立精干过硬的体育教师队伍。通过建立思政强、业务精、纪律严的体育教师团队，组建跨学科、跨部门的课程思政教育团队，开展比学赶超的教育案例评选等活动，不断提高体育教师的课程思政教学水平，实现课程思政教育"输入动力"与"输出知识"的同频共振。

第三，积极加强体育教师师德师风建设。打造"以德立身、以德立学、以德施教"的长效机制，使课程思政育人思想内化于心、外化于行，增强体育教师的价值认同和思政素养，充分发挥体育教师的模范带头作用，以此来使课程思政教育的渗透实效更加显著，助推学生在教学实践中取得更好的发展进步。

（三）创新体育课程思政教育方法

在深化体育课程思政建设的进程中，体育课程思政教育方法至关重要。因此，体育教师应积极践行以下措施。

首先，在体育活动中，教师要突出学生的主体作用，增加师生之间的沟通频率，保证对学生的思想动态实时了解，并对思想政治教育在体育教学中的渗透状况准确了解；其次，老师要根据不同年龄段的学生，制订有区别的教学计划，对每一位学生的个体需要进行详细的调查，循序渐进地开展教学活动；再次，教师应创设生动形象的教学情境，使学生融入学习体育课程思政的氛围中，全面提高学生的参与热情，引导学生深入参与体育学习；最后，体育老师要立足于学科特点，始终秉承"以学生为本"和"思政为引导"的理念，对体育课程中所包含的思政元素进行有针对性的挖掘，借此培养具有良好思政素质的体育人才。

例如，在进行体育课程思政教学实践时，教师可从体育时事和热门比赛信息进行挖掘，对当下的社会热点事件或比赛进行讨论，以冬奥会中我国奥运健儿努力拼搏、为国争光等典型素材为教学资源，通过将社会热点的整合与学生的思想情况相结合，来宣传爱国主义情怀，引起学生强烈共鸣，以便准确发现学生思想疑惑，实现从社会热点向制度自信理性的升华，提高体育教育的亲和力、吸引力和感染力，或通过体育活动中小腿骨折、脚踝扭伤等实际案例，指导学生了解运动技巧的重要性，并在此教学环节中融入不怕困难、坚韧不拔等思想，确保学生可以在活动参与中获得更多有意义的学习体验，在使学生的思维意识得到充分加强的同时，帮助学生树立正确的思政思想，养成良好的意识行为。

（四）完善体育课程思政评价体系

建立健全体育课程思政评价体系至关重要，这是体育课程思政教育顺利开展的前提。首先，学校应致力于构建一套全面且完善的课程思政评价体系，确保教学评价全面而客观；其次，学校应立足于学科特性，精心构建一套课程思政教育评价指标体系，剔除不科学的教学评价标准，以确保评价工作的准确性和有效性；再次，学校应制订一套切实可行的奖罚机制，对在课程思政教学中有出色表现和杰出贡献的人进行奖励和表彰，以此激励其他体育教师提升课程思政教学质量。最后，学校应建立多元化、多指标的评价方法体系，包括教师自评、学生自评、学生互评等。同时，应详细记录学生在各个阶段的体育品德变化情况，确保体育课程与思政教育能共同促进学生全面素质的提升与发展。

例如，在进行田径能力测试时，教师可以设计以下教学评价内容。

（1）自我评价

在进行训练活动前，教师要对优秀运动员的先进事迹进行宣传，发挥榜样的力量，调动学生的积极性，同时鼓励学生根据自己的实际情况，设定一个合理的发展目标。教师可以组织田径运动能力测验，根据测验结果对学生的训练效果进行客观的评价。与此同时，教师要引导学生将预先设定的发展目标和训练结果进行比较和分析，指导学生进行自我评价。

（2）学生互评

教师应该积极促进小组成员之间的互相评价，此种互评方式不仅能深化学生之间的交流与理解，更能有效培养他们的团队合作精神，以及公平、公正参与体育活动的规则意识。

（3）教师评价

教师可以基于一些优秀的体育精神特质，如自信自强、坚韧不拔、锲而不舍等，对学生在训练中所表现出来的情感取向、态度取向和价值观等进行全面和系统的考查，并对其作出客观准确的评价。与此同时，还要主动地要求学生对体育课程进行反馈，这样教师才能更好地提高体育课程思政教育的教学质量。

第五章　体教融合背景下学校体育学科建设的发展

本章主要从三个方面介绍体教融合背景下学校体育学科建设的发展，分别是学校体育学科建设概述、学校体育学科建设分析和体教融合下体育学科基地教研共同体的建设。

第一节　学校体育学科建设概述

一、中国体育学科建设的演进特征

中国体育学科在漫长的历程中，经历了从无到有、从初具雏形到正式确立，再到逐步升级为一级学科的波澜壮阔的发展。现今，它已经成为一个与自然科学、人文学科和社会科学紧密相连的综合性领域，为我国体育事业的发展提供了坚实的理论支撑和实践指导。

（一）从简单课程到复杂的学科群

自最初的简单体育课程开始，历经漫长的岁月洗礼，中国体育学科逐渐丰富和深化，从单一的体育课程设置演变为了一个多元化、系统化的学科群。这一发展历程不仅见证了中国体育教育的进步，也体现了学科交叉与融合的必然趋势。

在历史的长河中，中国体育学科的起步可以追溯到"体操科"在学校教育中的重要性逐渐凸显的时期。当时的"体操科"虽然并非严格意义上的体育学科，但是已经具备了体育学科的雏形。随着时间的推移，体育教育的内容不断丰富，体操科也逐渐形成了更全面的体系。到了20世纪20年代初期，"体育科"逐渐取代了"体操科"，标志着体育教育正式迈入了独立学科的时代。这一时期的体育学科以田径、球类运动和一般体操为主要内容，形成了较为完整的学科体系。随着国外体育学科的影响逐渐增强，以及其他相关领域的渗透，体育学科开始逐渐被拓宽其研究领域和深度。然而，在改革开放之前，虽然部分体育分支学科开始出现并得以发展，但是它们之间缺乏紧密的联系和整合，这使体育学科的发展呈现一种相对独立、分散的状态，难以形成完整的学科体系。

改革开放以后，人们开始深入探讨体育科学及其体系问题。随着人文社会科学的蓬勃发展，体育人文社会科学也得到了迅速的发展。这一时期的体育学科开始注重跨学科的交叉与融合，不断探索体育与其他领域的联系与互动。这不仅丰富了体育学科的研究内容和方法，也推动了体育科学体系的不断发展和完善。

在20世纪90年代末，随着体育专业教育领域的快速发展，体育学科的专业体系逐渐形成并不断完善。在这一时期，体育学科开始分化出更多的二级学科，如体育教育训练学、运动人体科学、体育人文社会学等。这些二级学科的出现和发展，使体育学科的研究领域更加细化、专业化，同时也促进了体育学科之间的交流与融合。

现今，中国体育学科已经形成了一个庞大而系统的学科群。这个学科群涵盖了从基础理论到应用实践的各个方面，为培养高素质的体育人才提供了坚实的学科支撑。同时，体育学科的发展也推动了中国体育事业的繁荣与进步，为国家的体育强国战略提供了有力的学科保障。

（二）从单一模式到综合发展

中国体育学科发展已经摆脱了单一模式，走上了综合化发展的道路。

中华人民共和国成立以前，体育学科的基础基本上来自教育学，主要表现在以下三个方面。

第一，体育是作为教育的一个组成部分来发展的。

第二，军国民主义、实用主义、自然主义的学科发展思想，是军国民主义、实用主义、自然主义教育思潮影响的结果。

第三，体育课程设置对教育学科有很大的依附性，基础学科在体育课程计划中占一半以上，且大部分为教育学科。因此，这一时期的体育学科发展模式称之为体育学科的"教育学发展模式"。

中华人民共和国成立以后，由于受苏联体育学科发展模式的影响，巴甫洛夫学说作为体育教育的自然科学基础逐步得到人们的普遍认同，体育生物学科得到重视，运动生理学、运动医学，运动心理学、运动卫生学、运动保健学、运动解剖学、运动生物力学等主要生物学科得以发展，运动训练理论进入人们的学术视野，运动项目迅速发展。"体育理论"是体现教育学特征的唯一学科，生物学科逐步成为体育学科发展的主要学科基础。因此，这一时期的体育学科发展模式称之为体育学科的"生物学发展模式"，其特征主要如下。

第一，强调体育对人的生物学改造。

第二，自然科学方法论受到重视。

第三，运动技术项目受到重视，形成了"重术科轻学科"的专业教育模式。

改革开放以后，体育学科进入全面发展阶段。自然科学、人文社会科学等相关学科被融入体育学科领域，促进了许多新兴体育学科的出现，体育管理学、软科学等综合性体育学科也逐步引起人们的关注，体育学科逐步发展成为一个与自然科学、人文社会科学、管理科学等密切相关的综合学科群，呈现综合化发展的趋势，具体表现如下。

第一，人们对体育的理解经历了从"真义"体育到大体育的转变，体育的健身性、教育性、社会性、文化性、娱乐性等特征逐步被人们认识。

第二，建立了由哲学方法论、自然科学方法论、人文社会科学方法论和系统科学方法论组成的体育研究方法论体系。

第三，体育专业教育领域学科与术科、人文社科知识与自然科学知识的比例逐步趋于平衡，系统化的学科专业体系基本形成。因此，这一时期的体育学科发展模式称之为体育学科的"综合化发展模式"。

（三）逐步摆脱照搬外国模式的轨迹

中国体育学科在改革开放以前，主要以引进国外体育学科为主。20世纪初，体育学科以日本为蓝本，形成了以普通体操、兵式体操和游戏为基本内容的"体操科"体系。新文化运动以后，因受美国教育哲学思想的影响，形成了许多"美式"体育学科和"美式化"倾向明显的体育教师教育学科课程。中华人民共和国成立以后，引进了苏联的体育理论和运动生理学、运动医学，运动心理学、运动卫生学、运动保健学、运动解剖学、运动生物力学等学科，形成了初具形态的、具有明显苏联式特征的体育专业教育学科体系。改革开放以后，体育学科对国外体育学科的引进不再局限于某一个国家，而步入"取其精华、弃其糟粕"的全面学习阶段，学科发展逐步克服以往盲目照搬某国模式的缺点。

（四）以体育专业建设为中心展开

体育学科创立源于体育教育改革是一个不争的事实。1923 年，体育学科作为独立学科的地位基本被确立。以球类、田径、游戏、普通体操为基本内容的"体育科"需要大量的新的体育师资，于是体育专业教育改革被提上议事日程。体育专业教育改革的核心是体育课程改革。由于体育课程是由不同学科组成的，因此体育专业教育改革必须以体育学科的发展为基础和前提。

中华人民共和国成立以后，为了满足对专门人才的需要，在苏联高校专业设置体制的影响下，中国高校一改以往不设专业，只设院、系、科的体制，开始在全国范围内分类设立、分科设置专门学院，建立了按专业培养人才的基本模式。中国体育院校的创办和体育专业的设置就是在这种背景下开始的。之后，中国体育专业设置经过了多次调整和改革，直到 20 世纪末，相对系统、规范的体育专业发展体系才逐步形成。

体育专业的建设为体育学科的发展提供了成果展现的平台和具体落实的载体。一方面，体育学科的发展状况必然在专业教育领域有所体现，如中华人民共和国成立后引进并大力发展的苏联"体育理论"，体现在体育专业教育领域，就是在体育教师教育课程体系中取消了体育学、体育原理、体育概论、体育史、体育教学法等学科，改革开放以后，体育人文社会科学的发展，使许多体育人文社会学科融入体育专业教育的课程体系；另一方面，体育专业调整与改革都对体育学科发展产生了重要影响，完善了现有体育学科，激励了新兴体育学科的出现。

从整体上来看，中国体育学科的发展过程是以专业建设为中心展开的，专业建设一直处于较为显著的位置。

（五）遵循新学科的发展规律

在体育学科的发展长河中，每一门新学科的诞生都历经了从潜学科到显学科，再到成熟学科，并最终衍生出新学科的历程。潜学科，即处于发展初期，尚未完全成熟与完善的学科形态，它如同初生的嫩芽，在知识的土壤中悄然生长，逐渐展现出学科的独特魅力与潜力。

在体育学科领域中，潜学科尤为重要。它们如同探索未知的勇士，勇敢地向未知领域迈进，为体育学科的发展注入源源不断的活力。当有人首次提出"体育环境"这一创新概念时，便如同在平静的湖面上投下了一颗石子，激起了层层涟漪。随后，一系列与之相关的概念如雨后春笋般涌现，如体育人文环境、体育社会环境、体育经济环境、体育人际环境、体育休闲环境和体育教育环境等。这些子概念围绕在"体育环境"这一核心概念周围，共同构建了一个丰富多彩的学科领域。

在潜学科阶段，体育环境研究尚未形成完整的知识体系和理论体系，各种观点层出不穷，争议不断。然而，正是这些争议，为体育环境研究的发展提供了源源不断的动力。学者们纷纷投入这一领域的研究，通过实地调查、文献分析、案例研究等方法，不断挖掘和深化对体育环境的认识。他们不仅关注体育环境对个体身心健康的影响，还关注其与社会文化、经济发展的紧密联系，为体育学科的丰富和发展作出了重要贡献。

随着时间的推移，体育环境研究逐渐从潜学科阶段迈向显学科阶段。越来越多的学者开始关注这一领域，相关的研究论文和著作也不断涌现。这些研究成果不仅为体育环境研究提供了更为坚实的理论基础，还为其在实践中的应用提供了有力的理论支撑。同时，随着研究的深入和拓展，体育环境研究也逐渐衍生出新的学科方向和研究领域，为体育学科的发展注入了新的活力。

现今，体育环境研究已经成为体育学科中的一个重要分支，其研究成果不仅在学术界产生了广泛的影响，还在实践领域得到了广泛的应用。然而，我们也应该清醒地认识到，潜学科阶段的存在是学科发展的必然过程。在未来的发展过程中，我们还需要继续深入挖掘体育环境的内涵和外延，不断完善其知识体系和理论体系，为体育学科的发展贡献更多的智慧和力量。

（六）力求与体育实践相适应

从体育实践的演变过程来看，最先得到发展的是身体教育，然后是运动竞技，最后是健身休闲。体育学科的发展与体育实践紧密相关，最先在教育领域发展起来，后来因运动竞技的发展和人们对健康的追求，体育的生物学意义得到重视，生物学科得到很大发展。随着身体教育、运动竞技和全民健身活动在实践领域的全面展开，从各个角度来审视体育现象已成必然，于是出现了教育学、生物学、心理学和社会学等学科与体育的结合，特别是体育社会文化价值的日益凸显，大大推动了体育人文社会科学的快速发展，体育科学逐步发展成了一个综合学科群。可见，体育学科的发展是与迅速发展并普及的体育实践相适应的。随着体育实践的发展，现代体育的内部矛盾逐步转化为体育与人们的根本文化需要之间的矛盾，体育将完成从群体的需要向人的发展需要、从满足生产需要的功利需求向个体健康、幸福生活的需求的转变。体育回归生活，是指人自身的发展与完善。体育的发展必将引起体育学科结构的重组与变革。在体教融合背景下，如何调整体育学科结构，这正是我们关注的核心问题。

二、体育学科建设的研究对象

（一）研究对象的客观性与稳定性

体育学科，作为体育科学领域中不可或缺的一环，承载着丰富的知识体系，形成了独具魅力的科学分支。这一学科不仅为体育实践提供了理论支撑，也为体育科学研究提供了广阔的舞台。然而，体育学科的发展并非一帆风顺，它既受到现有科技水平的制约，又受到学科内部发展变革的驱动。

在确定体育学科的研究对象方面，需要就以下两个问题达成一致。

1. 研究对象是否必须是客观存在的

对象是行为或思维的目标。因此，当我们提及研究对象时，实际上是在谈论"在研究过程中作为目标的人或事物"。在学术研究的语境下，"人或事物"被视作一种客观存在，它们的存在并不依赖于研究者的主观意愿或行为，而是独立于研究主体之外，且能够被主体所感知、描述和理解。这种客观存在的性质意味着研究对象是先天存在的实体，它们的特征和属性可以被界定和描述。尽管研究者可以通过定义来明确研究对象，但研究对象本身并非由研究者主观创造或派生出来的。这种客观性使研究对象成为可以被了解、实践和认知的对象，为研究者提供了探索的基础和可能。然而，需要明确的是，研究对象作为一个概念，其认识论角度与客观存在并非完全等同。在研究过程中，研究对象往往是通过研究者的主观视角来折射出一种特定的主题或焦点。也就是说，我们所面对的整个客观存在并非一览无余地呈现在研究者面前，而是研究者从某一特定的角度、层面或维度所看到的客体。

为了更好地理解研究对象，我们可以借助一些具体的例子和背景信息。例如，在社会科学领域，研究者可能会将某一社会群体、文化现象或历史事件作为研究对象，通过对这些对象进行深入的观察、分析和解读，以揭示其背后的规律、意义和价值。在这个过程中，研究者需要充分发挥主观能动性，运用各种研究方法和手段来收集数据、分析资料和得出结论。

此外，我们还可以从哲学的角度对研究对象进行深入的探讨。在哲学中，研究对象往往与认识论、本体论等概念密切相关。研究者需要思考如何认识和理解研究对象，以及研究对象与主观意识之间的关系等问题。这些哲学问题不仅有助于我们更好地理解研究对象，还能为我们提供更深层次的思考和启示。

2. 研究对象是针对群体而言

为了推动科学的不断发展和进步，同一学科的研究者们需要形成共识，共同确定一个明确且具有普遍性的研究对象。这样的做法不仅有助于在统一的语境下展开对话与交流，更能确保研究工作的连贯性和高效性。由此可见，研究对象在整个科学研究中扮演着举足轻重的角色，它并非仅局限于某个特定的时间、空间或是单独个体，而是针对整个研究领域的范围而设定的。

研究对象的确立需要根据一种相对恒定的特征，这种特征应能在不同的时间和空间范围内得到体现。换句话说，研究对象应当具备足够的普遍性和代表性，能超越单一或局部群体的研究范畴。这样的设定有助于确保研究的成果具备更广泛的适用性和推广价值。当然，在实际的科学研究过程中，从事某项研究工作的个人或小团体所面对的实践问题往往是具体而独特的。他们所探究的课题可能会受到各种因素的限制，如资源、技术、时间等。然而，这并不意味着他们可以随意选择或更改研究对象。相反，他们必须在限定的范围内进行深入研究，而这个范围正是由整个学科的学者共同制订和承认的。这个领域不仅规定了研究的对象和范围，还体现了学科的核心价值和研究方向。如果某项研究超出了这个领域，那么它很可能就不再属于这个学科的研究范畴，而是涉及了其他学科的内容。这种领域划分有助于保持学科的独立性和完整性，同时也有助于促进不同学科之间的交流和合作。

（二）研究对象的确立

在体教融合的大背景下，对体育学、体育科学及体育科学研究对象的深入探讨，对于推动体育事业的健康发展和提升全民体育素养具有重要意义。本书旨在通过分析体育学科与体育科学研究对象的关系，遵循"一个体系，一个对象"的原则，深入剖析体育运动和体育运动中的人作为体育学科研究对象的合理性。体育学科是一个涵盖广泛的研究领域，包括体育理论、体育教育、体育训练、体育管理等方面。而体育科学研究对象则更加具体，它关注的是体育运动本身，以及体育运动中人的身心变化与发展。因此，我们可以将体育学科的研究对象确定为体育运动和体育运动中的人，这一观点既体现了体育学科的广泛性，又突出了体育科学研究的针对性。

体育的本质存在及真正的起源在于"人"。体育运动是人类特有的一种实践活动，它不同于动物的躯体运动，具有鲜明的主体性和客体性。在体育运动中，人们通过身体的运动来参与和体验各种体育活动，从而实现对自身的改造和完善。这种改造和完善不仅体现在身体素质的提高上，更体现在精神面貌、心理品质和社会适应能力等方面的全面提高。

人的体育运动与日常生活实践中人的一般的肢体活动不同，它具有如下特征。

第一，肢体活动幅度大。

第二，需要大肌肉群参与。

第三，能量消耗多。

第四，具有非劳动性质。

相对于比较"温和"的一般肢体活动而言，体育活动中的人体运动则比较"激烈"。人体运动使体育实践在改造人类自身实践活动的范围内与一般肢体活动实践得以划界。

体育学科不仅要分析体育运动的物质形态，还要分析体育运动中的"人"。体育运动中的"人"，不仅表现为一般的生命物质运动，而且是对一般生命物质运动的超越，是对于维持人体相对静态的正常生命活动和人们日常生活、生产、劳动等一般性、强度与水平较低的生命运动的超越。在生命物质运动范围内，体育将运动中的"人"演绎到极致，是对人生命运动的动态层次的最高诠释。

体育实践中的"人"不是一味地"受动"，而是自主、自觉、自为的运动，体现了体育实践者的主体性和能动性含义。

体育运动中"人"的特殊性，还表现在与一般生产实践中"人"的差异性上。体育运动中的"人"既是主体，也是客体，客体外在于主体，有主客体同一的特点，主体的"人"通过体育媒介（如体育内容、体育材料或教科书、体育设施等）作用于客体的"人"自身，以达到提高人的身体健康水平、改造和完善人自身的目的；而生产实践中的"人"是作用于客体（自然界）的主体，主体与客体泾渭分明，其最终目的也不在人自身，而在于外在的物质生活资料。

体育实践中的"人"，与其他身体运动（如舞蹈、杂技等）的"人"相比，在外在形式上具有很大相似性，但也有一定区别。这种区别主要表现在主体的目标追求不同。体育运动中的"人"以提高身体健康水平、促进自身发展为目标，在实践中以人的身体为核心，是"为我"的，所创造的价值与意义均在身内，身体是目的，也是手段，有手段与目的同一性的特点；但舞蹈、杂技等身体活动，则是以抒发情感为目的，在身体运动实践中，是以角色为核心，是"无我"的虚拟世界，其中，身体只是以抒情达意为目的的手段，价值指向精神世界。

由上可见，体育学科的研究对象——体育运动和体育运动中的"人"，都是特定的客观存在，都具有跨越时空的相对稳定性。人的体育运动是"人"特有的，体育运动中的"人"则是以"处于体育运动状态中"来体现与其他生产实践和生活实践中的"人"的差异，二者是辩证统一的。要认识体育运动，必须深刻地认识体育运动中的"人"。只有认识到了体育活动中的"人"的地位和价值，才能把以"人"为主体形成的多种多样的体育形式区分开来，并在此基础上建立体育学科。这种以"人"为出发点认识体育，并以此推演体育学科的方法不仅有助于研究体育存在的各种物质形态，还可以将各种物质形态的体育所对应的主体从原来的"隐性"状态凸显出来，这就使体育学科不仅研究了体育运动，还研究了体育运动中的"人"，从而使学科研究更全面、更深刻。

三、体育学科的学科属性

在体育理论界，关于体育学的归属问题，一直存在着不同的观点。有的学者认为体育学应归属于自然科学，有的学者则主张将其归入人文社会科学或教育科学，还有的学者将其视为人体科学、技术科学和工程技术，或是综合科学。这种多元化的归属观，不仅体现了体育学科的复杂性和多样性，也揭示了人们对于体育学科属性和发展特点在不同时期和视角下的不同理解。

造成这种分歧的原因多种多样。首先，对体育和体育研究范围的理解存在差异，由于体育学科涉及的领域广泛，包括运动生理学、运动心理学、运动训练学等，因此不同的人可能会从不同的角度出发，对体育学科的属性进行界定；其次，研究判断体育学科性质的视角和参照系不同，学者在探讨体育学科归属时，往往依据自己的研究背景和学术兴趣，选择不同的参照系和标准进行判断；最后，对现代科学分类系统和分类原则的理解不同。随着科学的发展，分类系统也在不断调整和完善，不同的分类原则和依据可能会导致对体育学科归属的不同理解。

然而，随着社会的进步和人类发展需求的变化，以及现代科学体系的结构调整，将体育学科简单分类为自然科学、教育科学、人体科学和人文社会科学已经无法满足现代体育科学的发展需求。因此，我们需要坚持动态的、发展的科学发展观，重新审视体育学科的特性。体育活动作为一种实践行为，与各种物质运动紧密相连，受自然规律和社会规律的制约。在机械运动、物理运动、化学运动等方面，体育运动展示了其独特的原理和规律。同时，体育运动也涉及生理、心理等生命运动规律，这使体育学科具有了跨学科的特性。

此外，体育的社会规律也是不可忽视的。在不同的生产方式下，体育的内容、性质和特征会受到显著影响。同时，不同社会阶段对体育的需求也会随着时代的变化而发生变化。因此，体育学科的发展需要紧密结合社会现实和人类发展需求，不断探索和创新。

体育运动中的"人"，既具有人的自然本性和社会属性，也具有自我实现、自我创造和自我超越的生命本性，这是人从动物中分离出来所发生的一系列生物机能变化后的创造性发展。同时，体育运动中的"人"与生产实践中的"人"具有本质区别。体育运动中的"人"以人自身为作用对象，以形式多样的运动项目为活动内容，通过自身或体育器材设备，来达到发展与完善人自身的最终目的；

而生产实践中的"人"以外界事物为作用对象，以一切与生产过程有关的实践内容为活动内容，通过使用各种劳动工具来达到获取必要物质生活资料和创造有形劳动产品的目的。体育运动中"人"的特殊性和复杂性，决定了研究体育运动中"人"的因素的必要性和重要性。

人类、社会和个人在体育运动中具有高度的统一性。体育的发展既要关注个体的健康发展，也要关注体制、社会及人类文明的健康发展。新时期小康社会的健康目标将由对个体的关注拓展到对群体生存环境和社会状态的关注，体育在全面建成小康社会中将显示出"促进健康"的社会价值。除此之外，体育作为促进健康最积极的一项人类社会实践，还要把追求人类社会文化的生态健康，促进自身文明的健康发展作为自己的理想，使体育与人类文明协同进步。

体育学科研究对象的特性决定了体育学科既要研究体育运动中的自然方面，包括体育运动中人体的生理、化学、物理、机械运动等现象和运动技术动作等问题，也要研究体育运动中的社会方面，包括体育运动中人的心理、意识、行为及其变化，体育运动中人的社会化过程，体育的社会本质、结构、功能，以及体育运动的组织、管理及体育事业的运行机制等社会性问题。可见，体育学科既具有自然属性，也具有社会属性。从其知识体系来看，体育学科既包含社会科学知识，又包含自然科学知识；从体育学科的派生来源看，既有源于自然科学的，又有源于人文与社会科学的；从与实践的距离来看，体育学科又可以分为理论学科、应用学科、应用技术等不同层次。这些划分都是体育科学内部的结构和层次问题。因此，片面地将体育学科归入自然科学或社会科学抑或应用学科，都是不恰当的。

第二节　学校体育学科建设分析

一、体育学科建设的问题

（一）学科建设缺少整体规划

《体育强国建设纲要》作为国家层面的战略规划，明确指出要按照党中央、国务院关于加快推进体育强国建设的决策部署，坚持以人为本、改革创新、依法治体、协同联动，持续提升体育发展的质量和效益，大力推动全民健身与全民健康的深度融合，更好发挥国家体制与市场机制相结合的重要作用，不断满足人民对美好生活的需要，并努力将体育建设成为中华民族伟大复兴的标志性事业。

在当今时代，各地区经济文化的多样性为体育学科的发展和建设提供了广阔的空间。在体教融合的大背景下，学校作为培养体育人才的重要基地，更需要根据自身的办学特色和发展需求，量身定制适合自身学科发展规划的体育学科建设方案。

学科建设的规划应当紧密结合学校的整体定位和发展目标。由于各学校的办学条件和学科基础存在差异，因此制订学科建设方案时，必须充分考虑学校的实际情况和特色，确保规划的科学性和可行性。同时，学科建设的定位应明确学科发展的方向和目标，为后续的学科建设工作提供明确的指导。然而，一些学校在学科建设方面存在着一些问题。例如，有些学校未能制订全面的学科发展规划并逐步实施计划，导致在学科和专业发展中出现了一系列问题，如资源配置不合理、师资力量薄弱等。此外，一些学校虽然制订了学科建设规划，但是往往局限于短期的五年规划，缺乏对国家需求、地方发展和学校目标的全面考量，从而影响了学校和学科的长期发展。

（二）学科定位模糊陈旧，与国家的外生需求不契合

一门独立的学科，其成熟与发展往往依赖于三大核心要素。首先，学科必须拥有明确的研究对象及其内在规律，这是学科存在的基础；其次，学科需要构建完善且逻辑严密的概念、规律、原理、命题及逻辑系统，这是学科理论深度的体现；最后，学科必须拥有科学的研究方法，这是学科得以持续发展的动力。

在体育教学领域，随着教学理念的不断更新，研究的重点、范围及方法也必将随之调整，以适应时代的需要，保持学科的活力和现代性。当前，体育教学研究正日益注重定量化、精细化和标准化技术和方法的运用，这既是学科发展的必然趋势，也是提高体育教学质量的必要手段。然而，体育学科的研究并非孤立存在，它同样受到社会环境、历史背景等因素的影响。这些因素可能在一定程度上限制或推动学科的发展，因此在推进体育学科建设的过程中，我们必须充分考虑这些因素的作用，以实现学科的健康发展。

在体教融合的背景下，体育学科的发展应当朝着国际化、现代化和科学化的方向迈进。这意味着我们需要借鉴国际先进的体育教学理念和方法，结合我国的实际情况进行创新和发展；需要运用现代科技手段，提高体育教学的效果；此外，我们还应注重体育学科的科学性，通过严谨的研究和论证，推动学科理论的不断发展和完善。

为了服务国家的发展战略，我们必须在考虑国家需求的基础上，明确体育学科的发展方向，扩展研究的范围和深度。这需要我们紧密关注国家的发展动态和政策导向，及时调整学科的研究方向和内容，以适应国家发展的需要。

学科的科学分类和明确定位不仅影响着学科的发展方向和深度，还直接影响着学校的发展道路和资源的分配。在学校体育学科的定位问题上，我们主要面临两个方面的挑战。首先，学校整体学科专业配置存在不恰当的情况；其次，体育学科尚未明确找到自己在国内外同行学科中的位置。

在体教融合背景下，学校进行体育学科定位，不仅要考虑自身的发展规律、国内外同学科的发展趋势、国家和所在地区的经济建设和社会发展需要，更要考虑学校自身的实际情况。一些学校在考虑自身学科定位问题时，一方面不能与时俱进，按社会发展和经济建设的需要和规律，以及学科的内在规律及时调整学科定位；另一方面片面追求大而全，在学科布局中盲目求新、求热，脱离原有的学科优势，不考虑自身的基础而追求不切实际的发展目标，这种做法不利于学校的体育学科建设。

（三）教学理念的因循守旧影响学科的育人实践

学科，作为学术领域的一种分类，其内涵远不止于此。它也是教育体系中至关重要的组成部分，以"教学科目"的形式，将科学基础知识结构根据特定的教学理论进行组织，旨在培养学生的综合素质和创新能力。因此，教学理念的科学性对于学科的育人实践具有举足轻重的影响。

在体育教学中，教师作为知识的传授者，其言传身教的方式对学生的成长起着至关重要的作用。然而，当前体育教学中仍存在着一些问题。首先，教师的执教经验虽然丰富，但是往往缺乏科学的理论指导，导致教学方法和过程缺乏系统性和针对性；其次，学生的自我体悟虽然重要，但是缺乏科学的引导和反馈机制，使学生在体育学习中难以形成有效的自我提升；此外，教学信息的封闭性和教学研究的保守性也是制约体育教学发展的重要因素。

（四）体育学科建设资金不足

学科建设作为教育发展的重要组成部分，其涉及的领域十分广泛，包括人才培养、科学研究、社会服务等，同时，它还涵盖了校方、学院、学科、专业和教师等层面的协同与配合。学科建设经费，作为学校基础设施建设中的关键一环，对于推动学科发展起到了至关重要的保障作用。在学科建设的推进过程中，我们必须充分考虑到不同学科所处的不同发展阶段，以及它们各自的特点和需求。由于各学科的差异性和复杂性，学科建设经费投入必须充分考虑学校整体的发展规划，同时结合各个学科的具体情况进行差异化投入。

然而，目前高等体育院校的学科建设经费主要依赖于财政专项拨款，这在一定程度上限制了学科建设的自主性和创新性。由于尚未建立起校内自主筹款和校外资金投入机制，学科建设经费的投入往往难以满足实际需求，导致一些有潜力的学科难以得到充分的发展。

在学科建设经费的分配上，我们需要在重点投入和均衡发展、规模发展之间取得平衡。一方面，过度关注公平可能会导致专项经费利用效率下降，因为不同学科的资源需求和发展速度存在差异，如果简单地追求公平分配，可能会削弱原有学科的优势和特色，不利于形成具有竞争力的学科群。另一方面，将大部分资金投入某些学科也可能带来一些问题。虽然这样可以集中资源推动某些学科的快速发展，但是也可能导致其他学科的发展受到限制，甚至造成一些资源的浪费。因此，在制订学科建设经费投入计划时，我们需要根据学科发展的实际情况和学校的整体战略规划进行科学合理的安排。

（五）体育学科管理制度亟须完善

学科建设是一项复杂的系统工作，内涵丰富、外延宽广，因而强有力的组织保障是学科建设正常运行的必要条件。但目前多数学校存在着学科建设管理不规范、不能统一管理、无法组织协调等问题。学校体育学科建设没有专门的管理机构，往往挂靠在某一部门，致使学科建设这一重要工作成为该部门的附带工作。同时，也无法对学科进行有效的监督和检查。

制度文化是学校体育学科建设的重要抓手，同样，学科建设离不开学科管理制度的健全与完善。制度建设滞后，机制运行就会缺乏理论指导，责任不明晰，流程不健全，部门间协同工作就比较困难。从学校的体育学科建设的现状来看，还存在内部管理制度不够健全的问题，还未制订学科建设管理、学科经费管理、学科建设带头人遴选和考核奖励、学科评价等一系列制度，无法做到用组织和制度来约束和管理学科建设行为。

二、体育学科建设的对策

（一）强化学术组织建设，突出政府主导作用

学术组织建设在推动学科进步，促进知识更新、传播和应用方面发挥着至关重要的作用。特别是在体教融合的大背景下，学术组织建设显得尤为重要。因此，我们需要采取一系列有效措施，以提高学术组织建设的水平。

首先，我们应根据体育领域内部结构和功能的调整情况，灵活调整学术组织的建设策略。体育领域是一个充满活力和创新的领域，其内部结构和功能会随着时代的进步和社会的发展而不断调整。因此，我们需要依据这些变化，遵循自组织和协作组织的原则，开展各类不同形式的体育学术组织活动。例如，我们可以定期举办学术研讨会、座谈会等交流活动，鼓励学者就体育领域的热点问题展开讨论和探究。这样能拓展体育学术研究的范围，为学科的发展注入新的活力。

其次，加强学科治理能力，改善体育学科发展环境。学科治理能力是学术组织建设的重要组成部分，它直接关系到学科发展的质量和水平。因此，我们需要通过政府引导、学者参与和社会支持等多方面的努力，形成合力，共同推进体育学科的治理工作。具体来说，政府可以出台相关政策，为体育学科的发展提供支持和保障；学者可以积极参与学科治理工作，提出建设性意见和建议；社会可以通过各种渠道为体育学科的发展提供资源和支持。这样不仅能改善体育学科的发展环境，还能促进体育学科发展共享共治，实现学科的可持续发展。

（二）重视生物性体育学科与人文社会性体育学科

运动生理学、运动解剖学、运动营养学、运动医学、运动生物力学、运动生物化学等自然科学体育学科，作为综合性学科，不仅各自整合了多个相关学科的

知识，更在体育运动的研究与实践中发挥着不可或缺的作用。然而，尽管这些学科在理论上具有高度的独立性和专业性，但是在实际应用中，它们却往往难以完全脱离其他学科的支持而独立存在。这种现状，既反映了体育学科内在的客观限制，也受到了各种主观因素的影响。生物性体育学科的研究对象——"人"本身就是一个复杂而多变的系统，其运动表现和生理反应受到多种因素的影响。因此，在研究体育学科时，需要借助其他相关学科的知识和方法，以更全面、更深入地了解人体的运动规律和生理机制。

此外，社会因素也对体育学科的发展产生了深远的影响。体育不仅是一种生物现象，更是一种社会现象。它涉及人群和社会的方方面面，如文化、经济、政治等。因此，体育学科的研究不仅需要关注人体的生物学变化，还需要关注这些变化如何与社会环境相互作用，如何影响人类的自我发展和社会进步。

从社会生物学的角度来看，人类作为社会性生物，其行为和决策往往受到群体利益的影响。这种群体意识在体育运动中表现得尤为明显。无论是团队合作还是竞技对抗，都需要个体在追求自身利益的同时，考虑团队或社会的整体利益。这种群体利益使体育在塑造社会形象并推动其发展方面起着重要的作用。

在体育理论领域中，社会体育观和人文体育观进一步强调了体育的社会性和人文性。这些观点不仅关注体育对人体生物学的影响，还强调将这些生物学影响整合到人类自我发展的过程中，以提供积极支持。它们是对生物体育观的延伸和进化，更全面地揭示了体育的多元价值和功能。

社会因素对个体生物学发展的影响在体育史中得到了印证。古希腊时期的体育发展，体现了人类对身体锻炼和竞技活动的重视；文艺复兴后对体育的科学化和社会化推进，则反映了人类对体育认识的深化和拓展；而近年来体育产业商业化、普及化和长久化的趋势，则体现了体育与社会经济、文化等方面的紧密联系。体育文化的多样性也反映了社会因素对体育的影响。不同国家和地区由于历史、文化、传统等方面的差异，形成了各具特色的体育文化和传统。这些文化和传统不仅塑造了人们的体育观念和行为方式，还推动了体育运动的多样化和全球化发展。

在体育实践中，社会因素也发挥着至关重要的作用。无论是学校体育、竞技体育还是群众体育，都需要考虑社会环境、文化背景和人群需求等因素，以制订合适的运动计划和方案。当个人的自我愿望与社会或人类需求发生冲突时，社会因素往往会对个体的主动性和创造力产生影响，从而引导其进行调整和适应。

体育中社会因素和人的主体性、创造性对体育生物学改造的作用，决定了体育学科理论以生物性体育学科为基础，以人文社会性体育学科为导向的基本格局。

（三）加强基础性体育学科与应用性体育学科的结合

基础性体育学科是指探索体育的形成发展规律及体育的基本理论，对体育运动实践具有普遍指导意义的体育学科。基础性体育学科包括研究体育本质和体育自身发展规律的纯理论的基础性体育学科（如体育学、元体育学、运动学等），以及体育学科与自然学科、人文社会科学交叉所形成的应用性的基础性体育学科（如体育社会学、体育经济学、运动生理学、运动生物化学等）。应用性体育学科是指把现代科学技术的某些成果，尤其是基础性体育学科的研究成果应用于体育实践，从而使体育的基础理论与运动实践相结合，以发展新知识、创造新技术、提出新方法、产生良好效益的体育学科，如运动训练学、体育课程与教学论、健身学等。

基础性体育学科与现代科学技术研究大系统中的基础学科，在内涵和外延不同，它大致相当于整个科学技术系统中应用基础学科的层次。总体上看，体育学科属于应用学科的范畴，但其本身也存在着基础学科和应用学科的内在结构。就二者的作用来说，基础学科的作用是潜在的、深沉的、间接的和长远的；而应用学科的作用是外在的、显见的、直接的和现实的。

由于受"科学主义"的影响，我国的体育学科建设一直比较强调体育学科的应用性和竞技运动项目的技术学习，急功近利的实用主义和锦标主义思想比较明显，而对一些理论性较强、实践价值不显见的基础性体育学科（特别是纯理论的基础性学科）的重视不够。正如有的学者描述的那样：目前体育科研主要集中在应用研究和科技服务上，基础研究与开发研究十分薄弱，有些重大问题的创新性研究基本没有开展起来，这是造成科技实力不足的主要原因。

基础性体育学科与应用性体育学科是相辅相成的关系。应用性体育学科的建设与发展离不开基础性体育学科的支撑，否则，应用性体育学科的建设与发展将成为无源之水；而应用性体育学科的建设与发展必然要求基础性体育学科的发展水平不断提高，同时为基础性体育学科的发展提供动力和方向。因此，二者必须相互协作、共同协调发展。真正地将"科学"与"人文"相结合的理念落实到学科建设上，就要在基础性体育学科与应用性体育学科的关系上做进一步的调整，加大基础性体育学科的研究，特别是纯理论的基础性体育学科应该引起重视。

（四）加强学科与术科的整合

"学科"与"术科"的划分，从根本上说，是"科学主义"压制"人文主义"在体育领域的具体体现。由于受"科学主义"技术理性的影响，"术科"。

"术科"的核心内容是运动项目，运动项目的核心是运动技术。运动技术是一种程序性知识，其知识性质是不容置疑的。但知识未必就是"学科"，从知识到学科，还需要一定的过程和严格的限制。作为知识的各种运动项目为体育学科提供了丰富的素材，但它们尚不具备成为学科的条件。因此，新时期体育学科体系的构建要以体育实践中的"人"为最终指向，将以运动项目命名的"术科"与具有学科意义的体育学科进行整合。

（五）重视体育教师知识结构的建设

1. 知识结构的基本要素

（1）科学文化基础知识

体育教师是青少年身心健康的引路人，肩负着重要的教育使命。为了完成这一使命，他们不仅需要具备扎实的体育专业知识，更需掌握丰富的科学文化基础知识。这些基础知识不仅是体育教师文化素养的重要组成部分，也是提高教学效果、推动教育创新的关键。

首先，科学文化基础知识有助于体育教师理解人类社会发展的规律和基础知识。人类社会的发展是一个复杂而多元的过程，涉及政治、经济、文化等多个领域。通过对这些领域知识的学习，体育教师能更好地把握社会变革的脉搏，理解教育发展的趋势，从而更加准确地把握教育目标和方法。此外，了解人类社会发展的基础知识还有助于体育教师更好地引导学生，帮助他们树立正确的世界观、人生观和价值观。

其次，科学文化基础知识有助于体育教师接受并恪守人类道德规范，奉行高尚的价值观。作为教育工作者，体育教师的道德品质和价值观对学生具有深远的影响。通过学习科学文化基础知识，体育教师可以更加深刻地理解道德规范的内涵和意义，从而更加自觉地遵守职业道德，为学生树立良好的榜样。同时，高尚的价值观也是体育教师引导学生健康成长的重要支撑，有助于培养学生成为具有社会责任感和公民素养的未来栋梁。

再次，科学文化基础知识还有助于体育教师适应新的课程改革要求。随着教育改革的不断深入，体育课程也在不断地调整和完善。为了跟上改革的步伐，体育教师需要不断地学习新的教育理念、教学方法和手段。而科学文化基础知识正是他们学习新知识、掌握新技能的重要基础。通过不断学习，体育教师可以拓宽视野，提高文化素养，为课程改革提供有力的支持。

最后，科学文化基础知识还有助于培养体育教师广泛的兴趣爱好和卓越的审美观。作为体育教师，除了具备扎实的专业知识，还需要拥有广泛的兴趣爱好和审美能力。这些能力不仅可以丰富体育教师的教学内容，还可以激发学生的学习兴趣和创造力。通过学习科学文化基础知识，体育教师可以更加深入地了解各种艺术形式和文化现象，从而提升自己的审美水平和文化素养。

（2）专业知识

在体育教育中，专业知识被视为教师构建特定知识体系的基石，它不仅是教师履行职责的基础，更是其专业成长的关键。随着教育领域的不断发展和深化，体育教育正逐渐朝着一个更为综合、多元的方向发展，这对体育教师的知识结构提出了更高的要求。在当今教育背景下，体育教师的知识结构可以形象地比喻为一座金字塔。金字塔的顶部，便是专业学科理论，为教师的教学实践提供了理论指导，这些理论知识不仅有助于教师理解体育教育的本质，还能引导教师在教学中不断探索和创新；金字塔的中部，则是专业技术基础，这些技术基础是体育教师在教学过程中必须掌握的基本技能，它们能够帮助教师更好地指导学生进行体育训练，提高学生的运动水平；金字塔的底部，是自然科学基础，这些基础知识为体育教师提供了理解人体运动机制、运动生理学原理及运动损伤预防等方面的科学依据，有助于教师更科学地进行教学设计和实施。

在实际教学中，优秀的体育教师深知不断扩展专业知识的重要性。他们不仅关注专业学科理论的发展动态，还积极涉猎相关领域的最新研究成果和实践经验。通过参加学术研讨会、阅读专业书籍和期刊、与同行交流等方式，他们不断更新自己的知识储备，为教学提供源源不断的动力。同时，这些优秀的体育教师还注重将各类知识巧妙地整合到自己的教学实践中。他们善于将理论知识与实际操作相结合，让学生在掌握基本技能的同时，也能理解其背后的科学原理。此外，他们还注重培养学生的综合素质和创新能力，通过设计多样化的教学活动和比赛项目，激发学生的兴趣和潜力。

2. 建立合理知识结构的途径

（1）教师自学

自学是一种成本较低，但收效显著的学习途径。毫无疑问，教师更熟悉自我的知识结构特点，能清晰地找到其中的优点和缺点，并可以据此采取针对性的措施，合理利用空余时间查漏补缺。在自学中，教师的知识可以得到积淀，逻辑能力、探索能力、创新能力及意志品质也将得到不同程度的提升。为了更好地保障自学的效果，学校体育教育者可以从如下方面着手。

第一，广泛涉猎。人类把认识世界和改造世界过程中所获得的知识物化在各个不同时代的书本中，自学的主要方法就是有选择性地读书，把书中的知识深化在自己的头脑里，变成自己的知识。

第二，规律化的运动锻炼。通过不断的练习，把现代体育运动的新技能新技术、新方法不断内化，逐步提高自己的运动技术水平。

第三，合理规划时间。在飞速流转的时间面前，所有人都是平等的，也正是因为时间的有限性使得它异常珍贵。因此，每一位教师应当争取做自我时间的主人，学会合理规划时间，为自我知识结构的合理化创造优异条件。

（2）在教学、训练和科研工作实践中提升

学校体育教师能否建立合理的知识结构在很大程度上取决于是否参加教学、训练和科研工作的实践。例如，为了强化基础理论知识，体育教师可以深入研究与基础理论相关的课题，在研究的过程中可以逐步优化自身的知识结构。在当代，一名合格的学校体育教育者，不仅要具有良好的教学与训练能力，还应当具备一定的科研能力，在教学实践中也应当处理好教学、训练与科研的关系，使三者能够齐头并进，强化自身知识结构与技能水平的稳步提升。

（3）积极参加体育教育科学研讨会

研讨会对于教师的发展而言是极为有益的，它的特点是较具针对性，给予了教师广泛的选择权。在研讨活动中，所有教师均可以依据各自的兴趣爱好自由分组，以小组的形式一同解决各种各样的教学问题。共同探讨更有助于教师的思维扩展，并构建起一个相互学习、相互促进的有效平台，通过在这一平台中的有机互动，他们的学科理论知识水平也将得到逐步提高。

（4）积极参与学术交流

在学术交流中，体育教师可以接触到当前最前沿的体育学科知识，从而及时调整自己的教学方向，以此持续提高自身的体育教学水平。

（5）有计划的离职深造

在学校，总是会有各种各样的因素干扰教师的深造进度，影响深造的效率，而离职深造则能降低以上因素的干扰程度，让教师能全神贯注地学习，在时间充足的前提下，他们的学习深度、学习广度也有了保障。但需要注意的是，离职前必须要好以后的规划，否则因无业、意志不坚定、目标不明确所带来的压力也会阻碍知识结构的深化发展。

（6）学校加强培养学科和学术带头人

学科建设，包括学科课程设计、课程的比重，以及学科教学的计划、内容方法、环节等，以形成适应学校体育教学的系列。任何一所学校的体育教育部（室）如果缺乏优秀的学科和学术带头人，那么其教学水平将长期处于停滞不前的状态，体育教学的效果也会大打折扣。也正是基于此，学校在发展体育教育时，应将部分目光转移到学科和学术带头人的培养上，鼓励教师积极担当带头人，并给予他们适当的帮扶，引导其充分发挥"明星效应"，带领学校体育教育事业蓬勃发展。

第三节　体教融合背景下体育学科基地教研共同体的建设

一、体育学科基地教研共同体的建设价值

（一）基地教研共同体建设的意义

体育学科基地教研共同体作为一个汇聚智慧与创新的平台，不仅为年轻教师提供了学习最新教学理念和方法的机会，更是为整个体育教育行业注入了新的活

力。这个共同体通过搭建一个促进教师交流、学习和讨论的平台，有效地推动了教师的专业成长和教学能力的提升。在这个共同体中，年轻教师可以接触到最新的教学理念和方法，了解到当前体育教育领域的热点问题和前沿动态。

体育学科基地教研共同体有助于教师提升自己的教学能力。在这个共同体中，教师之间可以相互学习、相互借鉴，共同进步。通过观摩其他教师的课堂教学、参与集体备课和研讨活动，教师可以发现自己的不足之处，并及时进行改进。同时，共同体还鼓励教师进行教学研究和创新实践，以探索更适合学生的教学方法和手段。

体育学科基地教研共同体还通过区域联动、合作研讨等方式推动成员之间的交流和合作。这种跨区域的合作不仅有助于挖掘和分享各校区的优势资源，还能推动成员在共同体中挖掘潜力、分享观点，以提高专业水平。通过联合举办各种体育教学活动和比赛，不同校区的教师可以加强交流与合作，共同提高体育教育质量。

学校作为体育学科基地教研共同体的重要成员之一，可以通过举办共同体之间的联合活动来促进不同校区之间的合作。这些联合活动不仅有助于共享优势资源、消除地域和学校之间的界限，还能推动体育教师之间的积极合作和友好竞争。这种合作与竞争的氛围有助于培养教师的创新精神和进取心，进一步提高体育教师职业水平。同时，深化学校之间的合作和联系也有助于形成独具特色的学校文化。通过共同参与体育学科基地教研共同体的活动和研讨，不同校区的教师可以共同商讨、制订共同的目标，促进文化交流和精神培养。这种合作与交流不仅能增强教师之间的凝聚力和归属感，还能为学校的特色文化建设提供有力的支撑。

（二）基地共同体的研修形式

为了提升教师的教学水平，体育学科基地通过举办各类研讨会和培训课程，为广大骨干教师和新进教师提供了一个学习与发展的平台。这些活动不仅激发了教师的学习热情，更在推动体育学科基地内成员间的合作与互动方面发挥了重要作用。在活动组织方面，体育学科基地注重多样化与实效性。互动教学讨论、课题会议、科研交流及教学成果展示等活动，为教师提供了丰富的交流和学习机会。

在这些活动中，教师们积极分享自己的教学心得和研究成果，共同探讨体育教学中的难点问题，共同寻找解决之道。这种互动式的交流方式，不仅加强了教师间的合作与沟通，也提高了教师的学习和发展积极性。

体育学科基地还积极邀请资深教育专家举办讲座。这些专家具有丰富的教育经验和深厚的专业知识，他们的指导对提升教师的专业素养具有重要意义。通过与专家的深入交流，教师能更好地理解教育教学的本质，掌握先进的教学理念和方法，从而进一步提高自己的教学水平。

体育学科基地还致力于构建一个高效的教研团队。在这个团队中，体育教师可以与专业人士和学校管理者紧密合作，共同提高教学和研究水平。团队成员之间可以相互学习、相互借鉴，共同解决教学中遇到的问题。同时，基地还鼓励教师之间分享资源和经验，推动学科知识的交流与传播，从而推动教师的专业发展。

（三）基地共同体的发展目标

基地共同体的发展目标是培养具备高水平专业素养的体育教师，致力于推动国家未来一代的身心健康成长。这一目标的实现，不仅关乎体育教育的质量，更关乎国家未来的发展和民族的振兴。

近年来，随着教育改革的不断深入，新教师的加入为体育教师队伍注入了新的活力。他们带着新鲜的观点和想法，为教学团队带来了全新的视角和可能性。然而，新教师的加入也带来了一些问题。由于教学经验的不足，一些新教师在教学理念、教学重点及教学方法等方面存在不清晰、不明确或不科学的情况。而经验型教师则过分依赖过去的教学方式，缺乏创新意识，难以适应现代教育发展的需求。

为了解决这些问题，体育学科基地采取了一系列多元化策略，旨在帮助新教师快速适应新的职位，并促进他们的专业成长。基地为新教师提供了系统的培训和学习机会，使他们能全面了解现代教育的理念和方法。通过参加讲座、研讨会和培训班等活动，新教师们可以接触到最新的教育理念和研究成果，拓宽视野，提升专业素养；基地通过组织教学观摩、教学比赛等活动，让新教师有机会展示自己的教学能力和创新成果；同时，基地还鼓励新教师积极参与科研和教研活动，提升他们的研究能力和创新能力。这些活动不仅有助于新教师发现自身的潜力和优势，还能增强他们的自信心和归属感。基地还积极协助新教师融入教学团队。通过组织团队活动、交流会议等形式，加强新教师与老教师之间的沟通和交流。这种交流不仅有助于新教师了解教学团队的文化和氛围，还能促进他们之间的合作和共同进步。

通过这些措施的实施，体育学科基地成功地帮助新教师快速适应新的职位，并促进了他们的专业成长。新教师逐渐掌握了创新的教学方法，提高了教学质量和效果。同时，他们也与教学团队融为一体，共同推动教学改革的有效落实。

二、体育学科基地教研共同体建设实践的路径

（一）理论学习

体育学科基地教研共同体成员基于每阶段的理论学习，认真做好讲座笔记，总结体会心得并付诸教学中。"多读书、读好书、读有用的书"也是学科基地必须完成的任务，做好读书笔记并分享交流读后感。运行流程为名师讲座—分享交流—实践运用—反思修正—再实践。

（二）教学实践

围绕体教融合背景和学科核心素养理念，开展单元教学设计研究、课例研讨、说课、评课等活动，以"任务驱动"的方式进行多元化教学实践，教法的改变、器材的创新等使体教融合改革无痕"落地"。运行流程为集体研讨—分工备课—示范课展示—课例研讨—总结—反思提升。

（三）教学研究

学科基地要求每位成员在认真完成教学任务的同时，还需要围绕学科基地研究的内容开展教学研究，如教学反思、教学案例、教研论文、小课题研究等，目的是让每位成员都学有所获，学有所成，争取在学科基地掌握一个研究方法，获得一个研究方向，让基地成员养成"勤学、善思、精于研究"的好习惯，努力实现科研为教学服务，科研为课堂服务，科研为学生服务的宗旨。运行流程为确立方向—集体教研—交流心得—能力提升。

（四）形成保障机制

为了提升体育学科基地教研共同体成员综合能力，基地建立了"成员轮转制"，即成员在基地三年轮换五个职能小组。以基地任务开展为驱动的培养模式，既可以使每一位成员熟练掌握本基地各项工作的开展流程，也培养了他们团队协作和独当一面的工作能力。

（五）完善研修制度

1. 例会制度

每月基地定期召开会议，旨在深入探讨和解决成员在学术研究和实践中所遇到的各类挑战。这些会议为成员提供了一个分享经验、交流思想的平台。在会议召开前，会提前收集成员近期遇到的问题和困惑，并对其进行分类整理，以便在会议上更有针对性地展开讨论。在会议过程中，学科基地的资深教师们结合自身的经验和专业知识，为成员提供切实可行的指导建议。他们不仅关注问题的表面现象，更致力于引导成员深入思考问题的本质和根源，从而找到更有效的解决方案。除了专业指导，会议还鼓励成员积极发言、分享自己的看法和见解。通过互动交流，大家不仅能够拓展思维、激发灵感，还能在集体智慧的碰撞中找到解决问题的新思路和新方法。这种氛围使每个成员都能够在会议中收获满满，不断提升自己的学术水平和实践能力。在会议的最后阶段，共同体成员要商讨并制订下月的工作计划。通过明确目标、分工合作，确保每个成员都能够清楚自己的任务和责任，从而更好地推动基地工作的顺利开展。

2. 研修制度

每位成员都应当深刻地认识到，制订一个个人发展计划对于他们的未来职业发展至关重要。为此，我们强烈建议每位成员都为自己的未来精心规划一个为期三年的个人发展计划。这一计划不仅能够帮助成员明确自己的职业目标，还能够引导他们有步骤、有计划地迈向成功。

在制订个人发展计划时，成员首先需要设定明确的目标。这些目标可以是短期的，也可以是长期的，但都必须要具体、可衡量，并且还要与成员的职业发展规划紧密相连。接下来，成员需要制订详细的时间表和行动计划。时间表应该包括每个阶段的具体时间节点和任务安排，以确保成员能按照计划有条不紊地推进自己的职业发展。行动计划则应该包括成员需要采取的具体行动和措施，如参加培训课程、阅读相关书籍、参与实际项目等。在制订个人发展计划的过程中，成员还可以根据个人的发展规划和研究领域，有目标地学习与之相关的尖端理论，以提高自己的专业素养和理论水平。

通过勤奋学习和持续提升技能，成员可以不断巩固自己的专业基础，扩展学识，夯实理论基础。这不仅能为他们日后在专业领域的发展奠定坚实的基础，还能提高他们的职业竞争力，为未来的职业发展创造更多的机会和可能。

3. 档案管理制度

学科基地为每位成员和跟岗研修人员建立研修业务档案，基地负责人做好档案的管理工作，其中包括基地成员的计划、总结、论文、案例、反思等，定期收集、归档、存档，为个人的成长和基地的发展提供依据。

4. 考核奖惩制度

学科基地主要考核项目分别为研讨会出席频率、理论素养（读书笔记的撰写情况）、教科研业绩（承担课题情况、论文发表情况等），由学科基地负责人、学科基地特聘专家组成考核小组，每年从以上几个方面对基地学习共同体成员进行考核，根据考核结果，对学科基地任务分配、核心组成员负责工作内容及学科基地表彰机制进行调整。

第六章　体教融合背景下学校体育教师工作的发展

体育教师是受一定社会委托承担对学生的身心和谐健康发展施加积极影响职责的教育工作者，担负着培养全面发展人才的社会责任。随着社会的不断发展、进步，社会对人才的要求也不断地提高，教师应具备的专业素质、综合能力也要逐步增强，社会对其角色意识和角色转变又一次提出了新的要求。

第一节　学校体育教师的地位与作用

一、体育教师的地位

在学校教育中，体育教师不仅是体育活动的组织者和指导者，更是学生身心健康成长的关键推动者。他们的表现直接影响着学校体育工作的效果，对于培养全面发展的人才具有不可替代的作用。学校体育活动的丰富多样离不开体育教师的精心组织和指导。他们不仅开设体育课程，传授运动技能和知识，还指导学生参加校外比赛，组织各种体育活动，让学生在参与中感受运动的快乐，提高身体素质。同时，体育教师还注重培养学生的体育精神，通过团队合作、竞技对抗等方式，让学生学会尊重规则、公平竞争、团结协作等。

体育教师在学校教育中扮演着多重角色。第一，体育教师是塑造学生健康体魄的工程师，通过科学的锻炼方法和手段，帮助学生增强身体素质，提升运动能力；第二，体育教师是学生心理健康的守护者，关注学生的情感变化，及时给予关爱和支持，帮助学生建立积极的心态和健康的心理品质；第三，体育教师是校园文化建设的推动者，通过组织各种体育文化活动，丰富校园文化内涵，营造积极向上的校园氛围。

然而，当前有些学校对体育教师和体育活动的重视程度还不够，甚至存在忽视和边缘化的现象。有些学校过分追求升学率，忽视了学生的身心健康发展，导致体育教师的教学热情和积极性受到打击。此外，有些学校的管理人员未能充分认识到体育教学的重要性，对体育教师的价值认可不足，导致体育教师在职称评定、考核奖励等方面面临不公平待遇。要改变这一现状，需要从多个方面入手。首先，学校和社会应该加强对体育教育的重视和投入，提高体育教师的地位和待遇，激发他们的教学热情；其次，加强体育教师的培训，为体育教师进修创造条件，提高他们的教育水平和教学质量，让他们能更好地指导学生健康成长；最后，还需要转变传统教育观念，树立全面发展的教育理念，让体育教育成为学校教育中不可或缺的一部分。

二、体育教师的作用

（一）促进学生身心健康发展

在促进学生身心健康发展方面，体育教师的角色显得尤为关键和重要。他们不仅是体育活动的组织者和指导者，更是学生身心健康成长的协调者和引导者。在学校的严格管理下，体育教师通过精心策划和组织多样化的体育活动，旨在全面提高学生的身体素质，增强运动能力，并提升智力水平和培养独特个性。

体育教师根据学生的年龄、性别和兴趣特点，制订合适的运动计划和训练方案。通过科学有效的锻炼方法，帮助学生增强肌肉力量、提高心肺功能、改善身体柔韧性和协调性。体育教师通过组织各种形式的体育竞赛和训练活动，激发学生的运动兴趣和热情。在比赛中，体育教师不仅关注学生的成绩和表现，更注重培养他们的团队协作精神和竞争意识；在体育教学中，教师不仅关注学生的运动技能学习，更注重通过体育活动培养学生的观察力、思考力和解决问题的能力。通过参与体育活动，学生可以磨炼自己的意志，增强自信心和自尊心，培养积极向上的心态。

（二）传授体育科学知识和科学锻炼身体方法

体育教师不仅负责传授体育科学知识，更是肩负着指导学生掌握科学锻炼身体的方法，帮助他们提高身体素质的重任。体育教师的职责涵盖了多个方面，旨在全面促进学生的身心健康发展。体育教师的核心职责之一是传授体育科学知识。首先，体育教师需要根据学生的年龄和认知水平，结合教学大纲和教材规定，系统地向学生传授体育基础理论、运动生理、运动心理等方面的知识。通过讲解、示范、实践等方式，帮助学生了解体育运动的基本原理和规律，为学生今后参与体育活动奠定坚实的理论基础；其次，体育教师需要指导学生掌握科学锻炼身体的方法。他们根据学生的身体特点和运动能力，制订个性化的锻炼计划，帮助学生掌握正确的运动姿势和技巧；最后，体育教师需要教授学生合理安排运动时间和强度，避免运动损伤，确保学生在锻炼过程中能安全、有效地提高身体素质。

（三）塑造学生的思想品德

体育教师在塑造学生的思想品德方面，无疑发挥着至关重要的作用。体育教师不仅是教授运动技能的导师，更是引导学生形成健康道德观念的引路人。在日常教学中，体育教师通过采用多样化的方式和手段，巧妙地运用体育运动的特性，有意识地培养学生的道德观念，帮助学生养成优秀的品德，促进学生积极的个性成长。体育教师通过组织各种团队活动和比赛，培养学生的团队合作精神和竞争意识。在团队运动中，学生需要相互协作、互相支持，以实现共同的目标。这种经历有助于学生认识到团队合作的重要性，学会尊重他人、关心他人，并培养出强烈的集体荣誉感。同时，竞争也是体育运动中不可或缺的一部分。通过参与比赛，学生能学会面对挑战、克服困难，展现出积极向上的精神风貌。

（四）发现和启蒙优秀体育人才

在当今的教育体系中，体育教育的作用尤为显著，它在提升学生的身心素质、促进个性发展及发掘和培养优秀体育人才方面发挥着不可或缺的重要作用。学校通过体育课程和课外体育活动，为广大学生提供了锻炼身体、增强体质的平台。在这个过程中，体育教师不仅传授运动技能，还关注学生的身心健康发展，努力引导学生树立正确的体育观念，培养学生对体育运动的热爱和兴趣。在优秀运动员的发掘和培养方面，体育教师的付出和努力更是不可或缺。体育教师具备专业的知识和技能，能够根据学生的特点和潜力，制订个性化的训练计划，帮助学生在体育领域取得优异的成绩。同时，体育教师还承担着与学生家长、教练等各方沟通协调的任务，确保学生在体育道路上的顺利发展。

（五）直接参与学校的体育组织领导工作

体育教师是学校体育组织领导工作的直接参与者，是学校体育主要执行者和组织者。因此，在整个学校体育组织管理工作中，体育教师应发挥主导作用。

第二节　学校体育教师的职业特点与专业素养

一、体育教师的职业特点

（一）脑力劳动与体力活动紧密结合

体育教师是一项综合性极强的职业，既需要脑力劳动，又需要体力劳动，从而呈现一种独特的表现形式。与其他学科的教师相比，体育教师的工作特点在于其更加侧重于身体力行和实践操作，但同样需要深入的思维活动来支撑。体育教师在进行教学时，不仅需要进行示范、指导练习、保护和协助等体力活动，更需要在这些活动中融入大量的脑力劳动。体育教师需要灵活运用各种教学方法，针对学生的个体差异和学习能力，制订相应的教学计划，并通过生动的讲解和示范，向学生传授体育文化知识，演示各种运动的技术和战术。这些活动都需要体育教师具备深厚的专业知识和丰富的实践经验，以便能准确、有效地指导学生进行学习和练习。

体育教师在教学过程中还需要进行大量的认知活动。体育教师需要对学生的学习情况进行分析和评估，以便了解学生的学习进度和掌握情况，并根据这些信息及时调整教学策略。同时，体育教师还需要记忆大量的运动技术和战术知识，以便在需要时能迅速准确地传授给学生。此外，体育教师还需要进行推理和构想等高级思维活动，以便能预测学生在学习和练习过程中可能遇到的问题，并提前制订应对措施。

（二）工作任务的复杂性

学校体育，作为教育体系中的重要一环，不仅是培养学生健康体魄的重要途径，更是在促进学生心理健康、提高综合素质方面发挥着不可替代的作用。在这一过程中，体育教师不仅需要开展体育教学，指导学生掌握基本的运动技能，提高身体素质，增强抵抗力，为未来的学习、工作和生活奠定坚实的基础，还需要承担大量的校外体育活动、课后体育训练、体育竞赛及各类社会体育活动的组织工作。这些活动不仅有助于丰富学生的课余生活，提高学生的运动水平，还能培养学生的竞争意识、抗压能力及社会适应能力。

体育教师的工作任务复杂，往往面临着较大的工作压力。为了应对这些压力，体育教师需要不断提高自身的职业素养和专业技能。体育教师应具备高尚的职业道德，热爱教育事业，关心学生成长，以身作则，为学生树立榜样。同时，体育教师还应不断学习新知识、新技能，更新教育观念，提高教学水平，以更好地满足学生的需求。此外，为了缓解体育教师的工作压力，学校和相关部门也应给予体育教师更多的支持和关爱。可以通过加强师资培训、优化教学资源配置、建立科学的评价体系等方式，提高体育教师的教学质量和工作积极性。

（三）工作对象多，活动空间广

在日常教学中，体育教师需要同时面对多个班级的学生，每个班级的学生特点、兴趣爱好、体能状况都不尽相同。因此，体育教师需要针对不同班级的学生制订个性化的教学方案，确保每个学生都能在体育课上得到充分的锻炼和提高。除了课堂教学，体育教师还需要负责组织学校的早操、课间操及课后体育活动。这些活动对于提高学生的身体素质、促进身心健康具有重要意义。因此，体育教师需要精心策划这些活动的内容和形式，确保活动既有趣味性又有实效性。此外，体育教师还需要参与和组织校内外的各种体育竞赛活动。这些活动不仅可以提升学生的体育技能，还可以培养学生的团队合作精神和竞争意识。在竞赛活动中，体育教师不仅需要担任教练的角色，指导学生进行训练和比赛，还需要担任组织者的角色，确保比赛的顺利进行。

（四）体育教师工作的社会性

随着学校体育、家庭体育和社区体育一体化程度的不断加强，体育教师工作的时间和空间也不断扩大。在空间上，学校体育资源和社会体育资源的结合已成为现代学校体育发展的重要趋势，学校体育活动的场所也从学校走向社会，体育教师的工作必然要面向社会，参与社会中的各项体育活动，在全民健身活动中担任一定的角色。因此，体育教师不仅要做好校内体育教学与各项文化活动，担负起促进学生身心全面发展的责任，而且还要参与到各种各样的社会体育活动中，承担社会体育指导员、裁判等工作。体育教师工作的社会性是体育教师工作的特点之一。

（五）自身榜样的教育性

体育教师与学生的接触形式明显区别于其他学科，体育教师与学生的关系更平等，交流更频繁，对学生的影响也更直接。体育教师健壮的体格、爽朗的性格、娴熟的运动技术及潇洒的运动着装等都会给学生带来积极健康的影响，为学生树立良好的学习榜样，是学生体育兴趣培养的无形推动力。体育教师自身的魅力对学生有很强的教育意义，对学生会起到潜移默化的影响，自身榜样的教育性是体育教师职业的一个重要特色。

二、体育教师的专业素养

（一）高尚的思想品德

体育教师作为教师队伍的重要成员，不仅要具有坚定正确的政治思想和强烈的事业心、责任感，还要具有治学严谨、刻苦钻研、改革创新和勇于探索的精神；也要具有对体育事业的热情、对学生无私的关怀、对教育事业的忠诚等。在当前复杂的社会中，体育教师要始终保持作为教师的纯净而热情的心，努力做好自己的本职工作，同时不断积极进取、开拓创新，提高自身的综合素质和专业能力，不断更新教育观念，提高自己的教育水平和气质修养，做好学生的榜样。

（二）先进的教育思想和教育理念

当前社会形势下，首先，体育教师要具有素质教育的思想和理念，以全面发展学生的素质，为学生的将来打好坚实的基础为教育目标，在体育教学中，始终以终身体育思想为指导，积极促进学生体育锻炼习惯的养成；其次，体育教师要树立新型的教师观、学生观、人才观和教育质量观，从自身做起，正确定位自身的角色，在体育教育活动中始终以学生为主体，以培养身心全面发展的社会主义事业接班人为己任，努力探索新的教学模式和评价模式，改变过去单纯以运动技能和身体素质为主的体育评价方式，注重主观评价与客观评价相结合、量化评价与质性评价相结合、总结性评价与过程性评价相结合的综合性评价方式的运用，最大程度地促进学生素质的全面提高。

（三）深厚的理论基础与广博的知识

随着信息社会的到来，学生的知识面越来越宽，对知识的需求量越来越大、越来越广，体育教师要不断丰富自己的知识，拓宽自己的视野，特别要掌握一些体育交叉学科的知识，如体育美学、体育哲学、体育管理学、体育经济学、体育史等，在体育教学过程中，才能更好地为学生授业、解惑，才能在教学中更加游刃有余。21世纪的体育教师应该具有深厚的理论基础，也要同时具备广博的各科知识，形成多学科交叉的知识结构体系，才能在教育的道路上越走越远。

（四）全面的教育教学能力

1. 教学能力

教学能力是指教师采用有效的手段、方法，在充分发挥学生主体性的基础上，高效地完成体育教学任务，实现体育教学目标的能力。其具体体现在体育教师在课堂教学中语言、示范动作、教学方法的选择与运用、教学分组、对学生的组织与管理、对课堂突发事件的处理能力、教学艺术，以及对学生的评价与鼓励等方面。这就要求体育教师要在对课程标准充分理解和领悟的基础上，将课程目标转化为教学目标，在体育教学中要正确处理教师的主导性与学生的主体性的关系，要创设良好的教学情境来调动学生学习的积极性、主动性和创造性，为学生终身体育意识的形成奠定良好的基础。

2. 教育能力

教育能力是指教师在对学生学习、行为、心理等情况的深入了解、分析和判断的基础上，对学生进行积极影响的能力，是所有教师都应该具备的基本能力。其具体体现在对学生学习兴趣的诱导、不良行为的纠正、消极情绪的调节，以及各种教育方法运用的能力等方面。在体育课和其他课外体育活动中，生生之间、师生之间交往比较频繁，学生的情感体验较丰富，体育教师要通过各种形式，挖掘体育教材的教育价值，把握有利的时机，对学生进行积极教育，如在进行耐久跑练习时，教育学生学会吃苦耐劳和坚持不懈；在学习体操的一些动作时，要教育学生勇敢；在集体项目中，要教育学生学会团结协作；等等。体育教师的教育能力不仅体现在教育内容上，更重要的是体现在教育时机与教育方法的运用上。

3. 课外体育活动的指导能力

体育教师在完成教学任务的同时，还要承担学生课外体育活动的指导与协助工作。学校体育目标的实现不仅要靠体育课，还要通过各项课外体育活动与课余训练、竞赛，体育教师要具备对学生课外体育的指导能力，积极帮助学生进行课外体育锻炼，科学指导课余训练与竞赛，这也是体育教师的教育教学能力的具体体现。

（五）良好的心理品质与强健的体魄

体育教师要具备良好的心理品质，包括正直、公正、谦逊、团结、热情、善良、乐观、进取、活泼等，这是完成体育教育任务必不可少的。教师的良好心理品质对学生会有潜移默化的影响，良好的心理品质也是创设良好教学情境必不可少的因素。良好的身体素质和强健的体魄是体育教师的基本特点，也是体育教师进行体育教学的必要条件。体育教师强健的体魄和娴熟的运动技术是培养学生体育兴趣的无形推动力，不仅能给学生作出优美的示范，还能给学生以信心和力量，增强对体育教师的认同感，从而提高对体育的兴趣。特别是当体育教师作出优美示范动作时的飒爽英姿，不仅给人一种美的享受，而且能促使学生形成正确健康的审美观，进而养成健康的体育生活方式。

（六）运用现代教育技术的能力

现代社会已经进入"信息化"时代，互联网的普及和应用使人们对教育信息、体育信息的接收与更新非常及时，利用多媒体进行各类教育已经成为现代教育的一个特色。多媒体教学已经普及，成为现代教育的一种重要教学手段。各种先进的体育器材的使用也为体育教学带来了方便。体育教师要突破传统教学模式的局限，充分合理地利用各种现代教学辅助设备，提高教学效果，更好地发挥学生主体性，发展学生创新能力。运用现代教育技术的能力已成为现代社会体育教师必须具备的基础能力。

（七）社会交往能力

现今，学校体育与社会体育结合程度不断加深，这要求体育教师应具有较强的社会交往能力和社会活动能力。现代社会体育教师的能力范畴必然要超越体育知识、技术、技能传授和课外体育组织与指导的局限，走向社区、走向社会，不仅要参与校际的各项体育活动，而且还要参与社会的全民健身体育活动，现代学校体育已经逐渐形成"学校—家庭—社区"三位一体的教育网络，学校体育场馆向社会开放，社会体育场馆向师生开放，这是社会发展的必然趋势，体育教师参与社会体育中的各项事务是其职业特殊性的要求，也是专业发展的必然要求。体育教师需要从一个"学校人"转变为"社会人"，参与社会体育活动，承担社会体育的一些工作是义不容辞的责任。因此，体育教师应具有较强的社会交往能力和社会活动能力。

第三节　现阶段学校体育教师发展存在的问题

一、传统的体育教学理念、模式难以打破

在以往的学校教学中，传统的体育课程在学校学科中的地位不高，从小学到高中的体育课，大多是被其他学科老师强制占用，大学的体育课程也往往是单一的热身活动与基础的技能教学，导致有些体育教师安于现状，很少主动提升自身专业能力与思考课程教学。随着国家政策与课程标准的不断提出，体育学科的地位逐步被提高，传统体育教师的教学方式已不能满足日益发展的新标准、新要求，需要重新设计教学方法、方式，打破传统的固化思维，从学生全面发展的角度进行思考，将繁杂的社会情境同知识技能串联起来，不断适应社会及自身的发展，以培养学生核心素养。深刻理解核心素养的内涵与逻辑，思考当今体育与健康课程的价值，明确体育教师在养成学生核心素养过程中的特殊地位。体育与健康课程需要实现全面育人的价值，作为课程的实施者，显然体育教师的专业发展需要重构自身核心素养，扬弃传统学习经验，转变固有的教学理念，真正做到内化于心，这对体育教师专业提出了巨大的挑战。

二、高速发展的信息化时代核心素养不足

信息化时代给体育教师提供了丰富的教育资源、便捷的教学方式与手段的同时，也给体育教师的信息技术应用水平带来了一定的挑战。从 PPT 制作，到录制视频资源，再到利用网络课堂，这些都要求体育教师能将信息技术与体育学科融会贯通，并转换传统单一的教学方式，这无疑是体育教师专业发展的挑战。在丰富的网络平台进行资源共享时，体育教师如果在借鉴学习时过度模仿，一味地照搬照抄，则容易在体育课堂的教学过程中失去个人特点，最终导致在专业发展过程中方向和动力不明确，甚至迷失自我，阻碍自身的专业发展。因此，合理利用信息技术，提高体育教师的核心素养，也是专业发展过程中不可避免的现实挑战。

三、体育教师自身行为的失调

体育教师的本职工作就是上好体育课，传递体育知识和技能，而当今由于不良的体育教学环境导致有些体育教师主观能动性降低和面对体育课的伤害事故害怕承担责任，对体育课的态度很不端正，给学生上着没有"营养"的体育课，有违学校体育改革的初衷。

在安全性方面，体育课与其他的学科不同，在户外进行体育教学的时候，存在一定的风险。而对于学生受伤后的责任认定，没有明确的标准。国家一直很重视青少年健康成长和全面发展，素质教育一直在不断地强调和推进，但效果甚微。学生群体的近视化程度加深、青少年体质健康状况持续下降和应试教育的减负问题成为外界关注的焦点，而造成这些现状的一个主要因素是未能有效扭转有些学校体育不正常开展的局面。有些体育教师在教学过程中，不敢教学或者"休闲"教学，这样的体育课在一定程度上阻碍了学校体育健康发展和改革。

四、体育教师专业发展的外部保障缺乏

在体教融合背景下，体育教师专业发展不仅受到自身内部因素的影响，还受到许多外部因素的影响。进入 21 世纪以来，在以体教融合为育人方向的指引下，我国构建了体育教师核心素养框架，颁布了相关的法律法规及政策文件，为体育教师专业发展提供了稳定的外部保障，对体育学科教师的核心素养作出了更明确、

更科学的指示。但是，核心素养理念若要被体育教师真正理解并深入落实到课堂教学，需要地方教研部门、学校管理层面及体育教师的同事等的支持。

首先是地方教研部门。地方体育教研部门作为一个地区的"学科业务长官"，在体育教师发展过程中发挥着重要作用。作为地方教研员，要将核心素养理念了然于心，深刻理解并落实，才能不断推动一线体育教师对学科核心素养的深入了解与实施。如若地方教研员对核心素养理念没有理解到位，那么在对地方进行教学考察、教学评价及教学培训过程中，就容易对体育教师教学要求产生偏差，会直接导致地方体育教师延续传统的教学观念，对体育教师发展核心素养产生阻碍作用。

其次是学校管理层面。若学校领导层未能了解体教融合等相关理念，学校将难以开展关于体育教师相关发展的培训与交流学习，体育教师缺少了解新理念新要求的机会与渠道，只能因循守旧。另外，学校在对体育教师教学评价时，如果仍然沿用传统的教学评价方式与标准，那么体育教师将新理念应用在教学中时，有时会与传统的教学评价要求不符，这迫使体育教师不得不采用符合传统教学评价的教学方式。

最后是体育教师的同事。一部分同事有可能在培训中兴致不高，只是安于现状，不愿意接受新理念、新要求，这种消极的学习态度会对积极接受新要求的体育教师产生影响，使其在专业发展的道路上逐渐丧失动力。

地方教研部门、学校管理层面、体育教师同事方面等对体教融合的理念理解不到位，便无法为体育教师专业发展提供稳定的外部保障与支持。

第四节　体教融合背景下学校体育教师的发展策略

一、做体育政策的践行者

首先，体育教师需要扮演一个坚决拥护和贯彻落实国家政策的实践者的角色。体教融合的政策文件特别强调了学校体育青少年群体，而与青少年接触最多的是一线的体育教师，这就需要体育教师扮演好自己的角色。目前，体育教师的地位正处于上升的阶段，角色也将发生新的定位和转变。体育教师要完善自身，提高教书育人的理念思想；积极宣传国家出台的相关政策和积极勇敢地提出符合当地、当校和体育课教学和使学生感兴趣的教学意见；面对"体育课不重要"的言论和条例敢于据理力争。

扮演好一个践行者的角色，需要及时把握政策导向，深刻领会政策的背景意义。找到其中的问题关键，从而结合自己所处的位置，把握大局，去做自己力所能及的事。和学校一同完善评价体系和考核体系，合法合理地争取自己的权益，这样才能够最大程度地激发体育教师的积极性和不断提升自我的能力。

二、合理利用信息技术优化专业能力

首先，体育教师要在意识层面树立正确的观念与态度，认识到信息化技术对培养学生核心素养及自身核心素养发展的重要作用，勇于接受新鲜事物，积极吸纳新观点；其次，体育教师要正确辨别网络信息，高速发展的信息化时代，网络信息繁杂，体育教师需要从中筛选正确且优质的内容进行学习。体育教师要充分利用多媒体技术辅助体育课堂教学，开展演练示范、动作指导和考核评价的教学活动，以不断优化课堂教学的成效，形成多层次、立体化的教学体系，转变以往单一的课堂教学方式。体育教师可以通过公众号、视频、网站等媒介了解体育相关的最新知识，观看并借鉴他人的教学方式，丰富核心素养理论知识。体育教师通过信息技术将自己的教学行为转化成影像资源进行分析，了解自己的教学行为与教学内容是否与核心素养的要求与目标相吻合，认清自身教学中存在的不足，及时进行优化改良，以深化自身对于核心素养的理解，从而促进体育教师专业的成长。

三、重视终身学习

《关于深化体教融合促进青少年健康发展的意见》明确提出大力培养体育教师和教练员队伍，选派优秀体育教师参加各种体育运动项目技能培训，增强体育教学和课余训练能力。

在自身素养方面，对于体育教师来说，由于职业的特殊性，更应该对新入职教师的核心素养培养给予更多的教育支持。相关教育行政单位要组织新教师进行一系列的培训。最重要的是，体育教师需要做好学科发展、重视科学研究、充分展示体育课的专业性、重视自我形象管理等方面的工作。

四、积极传播体育文化

现今，体育教师不能仅限于运动知识和技能的教学，更要结合政策文件，积极宣传举办体育活动和赛事，开展丰富的课余训练，组建校队。从宏观层面去推动体育文化传播，增强学生体质，形成终身体育理念。在加强学校体育的过程中，同时推动家庭体育和社会体育的发展，使三者相互促进，三位一体共同提高。

抓住体教融合的新机遇，乘风破浪打造校园体育文化，增强师生集体荣誉感。深度发展体育在教育当中的作用，面向全体学生，开齐开足体育课，促进青少年健康和谐成长，加快落实国家体教融合政策。彻底打开体育老师乐于教学、勇于教学、敢于教学的局面，在未来学校体育的发展过程中更加突出体育教师的社会价值，增强自己职业认同感。

五、教育部门加强体育教师专业培训

教师是培养学生核心素养的主导人，促成体教融合在课堂教学中落实的前提是要确保体育教师对体教融合的理念有着正确的理解和高效的实践方法。教育部门自上而下要高度重视体教融合导向下体育教师专业发展的重要作用，结合新时代体教融合的发展趋势，开发体育教师核心素养学习系统。联合学校、地方教研等相关部门组织研习体育学科核心素养理念及建构过程，明确各部门的职责与目标，帮助各地教研、学校相关部门及教师个体明晰未来核心素养发展要求与方向，为其提供科学的专业发展指导，尽快帮助体育教师形成良好的核心素养。同时，要不断拓宽体育教师专业发展的教育途径，使体育教师能及时接收到新的发展理念，积极转变思想态度，让其深刻明白核心素养背景下培养发展的人的价值与意义。根据核心素养的目标与要求，学校应该对体育教师进行科学培训，以确保他们够掌握正确的教学方法，具备较高的知识水平和丰富的实践经验，并且能够有效地运用知识来传授技能；重视体育教师的评价能力，通过科学合理的评价标准，有效引导学生学习和发展。

第七章　体教融合背景下青少年的健康发展与体育后备人才培养

本章首先介绍体教融合背景下青少年的健康发展，分别从体教融合背景下青少年的身体健康、心理健康及道德人格健康三个方面展开阐述，其次对体育后备人才的培养进行探讨。

第一节　体教融合背景下青少年身体健康与发展

体育融合理论提出了关于促进学生体质健康水平稳步提升的目标，本节在体教融合背景下研究青少年身体健康与发展对实现该目标具有重要意义。

一、青少年生长发育的特征

（一）青少年生长发育曲线图

解剖学专家理查德·博伊德（Richard Boyd）绘制了青少年生长发育曲线图，青少年生长发育呈 S 形曲线，青少年发育过程中有两个快速生长发育期，大脑和神经系统的发育主要在 7 岁以前，神经系统的发育在 5～6 岁时达到了成人的90%，12～13 岁进入缓慢发展期。

（二）青少年身高和体重生长发育特征

青少年身高和体重生长发育特征有性别差异，通常情况下，男子和女子 10 岁以前身高与体重的增长速度相似。10 岁以后女子身高、体重进入了快速增长期，男子在 13 岁左右进入快速增长期。14 岁时男子平均身高一般高于女子。在生理期过后，女孩身高增长幅度一般不超过 5 厘米，而男子身高生长可以持续到 20 岁。

（三）青少年骨骼和肌肉的发育特征

1.骨骼

青少年的骨骼还在生长发育阶段，软骨钙化和增殖促进了骨骼生长。骺软骨不断分裂增殖并不断骨化，再加上钙盐的沉积，从而促进了骨骼生长。骺软骨的增殖速度随年龄增长而下降，而钙盐随年龄增长以更快的速度沉积。成年后，软骨细胞的增殖速度落后于骺软骨内的沉积速度，介于骨骺与骨干之间的骺软骨完全骨化，骨骺与骨干也充分融合，骨骼长度固定，身高也暂时固定。

青少年骨骼也在逐渐增粗，原因是骨质外层有钙盐沉积，而这源于骨膜内的造骨细胞。青少年骨骼的生长发育水平和营养、内分泌腺健康、体内微量元素等有关，如果营养不够、缺钙，或出现甲状腺分泌不足等症状，那么骨骼就无法正常生长发育。所以青少年要想长得高一些，就要通过运动锻炼、补充营养来促进骨骼生长发育。

2.肌肉

（1）肌肉发育特征

青少年的肌肉中有较多的水分，其他营养素含量较少，如无机物、脂肪和蛋白质等。水分多增加了肌肉的弹性和柔软度，但其他营养素分布少影响了肌肉的力量。青少年肌肉中的能源物质较少，和成年人相比有一定的差距，而且毛细管也较少，所以青少年缺乏一定的肌肉耐力，在肌肉运动中疲劳出现的时间较早。但是青少年疲劳消除和肌肉恢复的速度快，这与其旺盛的代谢有关。

（2）肌肉发育规律

第一，肌肉重量占比不断增加。青少年随着年龄的增加，其肌肉重量在总体重中所占的比例是不断增加的，如表7-1-1所示。

表 7-1-1　青少年肌肉发育规律

年龄 / 岁	肌肉重量占比 /%
新生儿	25.0
8	27.2
12	29.4
15	32.6

续表

年龄 / 岁	肌肉重量占比 /%
18	44.2
> 18	45.0

从表 7-1-1 可知，从出生到 8 岁这个阶段人体肌肉增长速度慢，从 8 岁开始逐渐加快，15～18 岁之间增速最快，18 岁时与成人接近。

第二，肌肉生长速度和骨骼不同步。青少年骨骼的生长速度总是比肌肉生长速度快。男生与女生骨骼快速增长分别是从 13～15 岁、11～13 岁开始，也就是在性成熟阶段。而这个阶段肌肉只是纵向增长，肌纤维细长，但缺乏力量。骨骼生长速度在 16～17 岁以后减慢，这时肌肉横向生长速度才慢慢增加，肌肉渐渐增粗，变得强壮。

第三，肌肉生长发育不均衡。青少年时期，人体不同部位肌肉的生长发育有先后之别，发育较早的肌肉主要是背阔肌、胸大肌、臀大肌等分布在身体浅层的大肌肉群，发育较晚的前臂前圆肌、旋前方肌、屈趾肌等深层小肌肉群。因为肌肉生长发育不均衡，所以青少年时期的运动锻炼不过分强调动作的协调性和精细化，随着青少年年龄的增长，各部位肌肉全面发展，动作才逐渐协调。

二、青少年身体健康问题与成因

（一）我国青少年身体健康问题

下面简单分析青少年身体健康主要存在的问题。

1. 超重与肥胖

有关测试数据显示，青少年身高体重比例这项指标逐年上升，而且是以比较快的速度上升，超重和肥胖的学生越来越多。

2. 视力不佳

我国青少年视力不佳的问题呈低龄化趋势，很多学生从幼儿园开始就出现了视力问题，而且每年都有大量的学生视力检查不合格，这个数量也是逐年上升的。在所有的青少年的视力问题中，近视现象比较严重，也有少数弱视。

3. 心肺功能不强，运动能力不高

心肺功能下降也是青少年身体健康存在的主要问题，这与其肥胖、超重等有关。此外，伴随而来的还有运动能力的下降。青少年运动能力下降影响其参加体育锻炼的积极性，进而使心肺功能和运动能力的健康问题加重，形成恶性循环，严重影响青少年的健康成长与发展。

（二）我国青少年身体健康问题的成因

1. 社会和家庭的影响

青少年的身体健康在社会上没有得到广泛的重视，缺乏促进青少年身体健康的良好社会环境，一些不良社会风气严重影响了青少年的健康成长。

青少年身体健康也受到了家庭环境的影响，家庭结构变化使青少年得不到完整的父爱和母爱，这不仅影响了青少年的身体健康，也影响了其心理健康。此外，家长对青少年文化成绩的重视远远超过体育成绩，家长给青少年报各种文化课辅导班，占用了他们的课余时间，使他们无法参与对身体健康最为有益的健身运动。

2. 教育体制的影响

我国的教育体制决定了应试教育短期内不可能发生根本性的转变，依然会有部分学校按应试教育的模式办学，重文轻体，将体育学科挤为边缘学科，忽视体育教育，从而影响学生的身体健康。

3. 不良饮食习惯

很多青少年都是家里的独生子或独生女，家庭条件优越，备受宠爱，饮食上尽可能满足其需求，但一些家长的溺爱也使青少年养成了挑食、爱吃垃圾食品、饮食不规律的不良习惯，长期进食垃圾食品必然会损害身体健康。

4. 缺乏锻炼

随着互联网的普及，电脑、平板、智能手机进入青少年的生活，玩电脑、玩手机等成为青少年的主要休闲方式，而原来很受青少年喜欢的跳绳、沙包、毽子等有趣的、有益于身体健康的运动项目渐渐退出青少年的生活。不健康的生活方式和习惯影响了青少年的身体健康。

三、学校体育与健康课程的建设与完善

（一）体育与健康课程建设的内容

1. 课程目标

课程目标是对课程内容与课程方法进行选用、设计，以及对课程效果进行评价的重要依据。对课程目标进行正确制订，并不断调整优化，能为课程实施过程提供重要的导向和指引。制订体育与健康课程目标，要参考体育教育与健康教育两个领域的主要目标，要考虑体育与健康教学的特征，同时也要考量学生的健康差异和体育爱好。一般将体育与健康课程目标划分为学习和掌握体育与健康基本知识、技能和方法的基本目标及发展和提高体育与健康知识水平、技能水平的发展目标两个层次。

2. 课程内容

首先，课程内容要完整、全面，既要有体育知识，也要有健康知识，既要有民族民间运动，又要有基础竞技项目，全面的课程内容要为实现课程目标而服务。

其次，课程内容要丰富多样、层次清晰，对必修课程内容、选修课程内容、必学内容、选学内容予以明确，构建多元化、多层次的课程内容体系。

最后，引进外来运动项目，开发本土课程内容。可以将时尚流行的外来运动项目纳入课程内容，也要根据地区条件、学校条件开发本土课程内容，在开发过程中注重对传统课程内容的改革与创新。

3. 课程方法

课程方法指的是课程教学方法，是课程建设中的重要内容，是推进教学进程的必要手段，是实现教学目标的关键。体育与健康课程多在户外或体育场馆进行，教学环境不像室内教学那样相对固定，所以教学过程也充满不确定性。在动态变化的体育与健康课程教学中，为了保证教学过程的顺利进行，需要选用和实施恰当的教学策略。因此，授课教师要对各种教学方法的特点、效用、优劣势、适用范围进行分析，从而有针对性地选用最合适的教学策略。此外，要确立课堂教学规范，并构建课堂教学模式，从而规范各项教学方法、手段的使用程序，提高课程实施效率。

4.课程评价

课程评价是对体育与健康课程的设计与实施过程及效果进行的价值判断过程，为了检验教学过程是否合理、高效及教学效果是否达到预期目的。从根本上来说，课程评价都是从价值层面判断课程教学的科学性与实效性，课程评价对提高课程实施质量具有导向作用、激励作用，同时也有对课程实施过程的调控作用。在课程评价体系建设中，要明确评价指标、评价标准，合理选用评价方法，综合运用多种评价方式，从多层面、多角度、多主体出发评价课程实施的过程、师生的表现及最终的结果。

（二）体育与健康课程的完善

1.树立新理念，抓好课堂教学

在全面推进素质教育的今天，体育与健康课程是贯彻素质教育理念的重要途径，这门基础课程在学校教育中具有不可替代性。体育与健康课程主要通过指导身体锻炼和培养健康行为习惯来对学生进行素质教育，培养学生的健康素质及综合素质。在体育与健康课程教学中，学生不可能在少数几次的身体锻炼中就增强体质，养成健康的行为习惯，需要不断重复各种练习才能达到此目标。因此，体育与健康课程在教学时，要将学生放在第一位，动员全体学生积极参与课程教学，确保所有学生在科学的课程教学中都能有所受益，都能增强体质、养成良好的行为习惯。而要真正实现全面化和普遍意义的教学效果，就要积极落实以下课程的教学。

（1）体育课程

以促进学生身心健康发展作为课程目标，基于对青少年学生生长发育特征、规律、个体差异的考虑而组织体育练习。

（2）体育运动课程

学生学习与掌握运动技能的过程也是其不断接近健康和实现可持续发展的过程。在体育运动课程教学中，要依据运动技能的形成原理、阶段性特征循序渐进地安排运动技能教学，对学生的运动潜能进行挖掘，注重学生运动能力的发挥与提高，丰富学生的运动经验，培养学生终身体育锻炼的意识与习惯。

（3）健康课程

健康课程以增进学生健康为首要目标，全面贯彻"健康第一"的指导思想，给学生传授基本健康常识、增进健康的方式及自我保健技巧，从而提高学生的健康认识水平和自我保健能力。将身体练习贯穿于健康课程中，通过运动促进健康，实现体育与健康的深度融合。

（4）自然、社会体育课程

人类发展的历史也是不断适应自然、适应社会，以及与自然和社会保持平衡关系的过程。青少年有很强的可塑性，一定要紧紧结合自然、社会的特性去落实基础教育，让学生在自然环境中锻炼，在社会环境中磨炼，提高学生的健康水平和适应能力。

2. 加强对新课程的管理和研究

"健康第一"是学校教育工作的重要指导思想，学校对学生的健康给予了一定程度的重视。但实现健康目标需要加强营养、减轻学业压力、培养正确作息习惯、加强安全教育、健全医疗卫生服务、开展体育与健康教育等多措并举。虽然体育与健康课程对增进学生健康具有重要作用，但是只靠这一途径来实现学校教育的健康目标是有难度的，需要以体育与健康课程教学为主，其他方式为辅，各方面相互配合，共同落实，如此才能更好更快地实现健康目标。这就要求有关部门加强对体育与健康课程的管理和研究，从宏观层面上构建一个内容丰富、途径多样的体育与健康课程体系，将其他健康促进措施纳入该课程，并继续推进课程的深入改革与创新，从而提高体育与健康课程的质量。

第二节　体教融合背景下青少年心理健康与发展

一、青少年心理健康的概念与标准

（一）青少年心理健康的概念

目前学界尚未对心理健康的概念进行定论，但是比较统一的认识是，心理健康是指一种持续的积极发展的心理状态，在这种状态下人们能充分发挥身心潜能，而不仅仅是没有心理疾病。这种认识包含两层含义，其一，心理健康最基础的要求就是没有心理疾病，这个条件是必须存在的；其二，心理健康是一种积极发展的心理状态，也就是说以心理处于最佳状态为目标。

（二）青少年心理健康的标准

1. 智力正常

智力包括人的记忆力、观察力、想象力、思维能力、实践能力等，是指人们认识、理解客观事物并运用知识、经验等解决问题的能力。智力正常指个体具备了生活、学习、工作的最基本的心理条件。目前，人们已经发明了一些智力测试的方法和工具，比如韦氏智力测验和比奈－西蒙智力量表。世界卫生组织还采用"智商"的概念作为衡量智力的数量化指标，智力正常的最低标准为智商值在85以上（包括青少年和儿童），属于心理健康范畴；智商值在70以下为低能，属于心理疾病范畴；智商值在70～79为智力缺陷，属于心理缺陷范畴；智商值在130以上为智力超常，属于心理健康范畴。

2. 适应环境

适应环境是指个体能够通过调整自己的心理和行为而满足客观环境的需要，与环境建立和谐关系的能力。适应环境主要包含以下三个方面的具体表现。

（1）适应自然环境

适应自然环境是人类获得生存的基本要求，一个心理健康的人应该能够适应各种人类能够生存的自然环境，即具备最基础的生存能力。

（2）适应社会人际关系

人是社会动物，在社会生活中无法避免和别人进行交往，因此人际交往能力是人们在社会生活中必须具备的能力。能否适应社会人际关系一般被用来衡量一个人对社会的适应水平，人际交往能力也是判断一个人心理是否健康的重要标准。一个心理健康的人，应该具备和人正常相处的能力。

（3）适应不同情境

这里的情境指的是个体行为发生时的现实环境。从广义上解释，其是指社会形态、历史进程、国际形势等；从狭义上解释，其是指比赛、考试等场合，狭义的情境是在广义情境的背景之下发生的。适应不同情境就是指个体能够在不同的时间、空间保持心理的平稳，充分发挥自己的心理优势，指导自己的行为，为自己的目标服务。

3. 人格健全

人格也被称为个性，是指人在社会生活中所表现出来的心理和行为特征。人格健全具有以下几个方面的表现。

（1）具有自我扩展的能力

能培养和发展自己的兴趣爱好，与他人进行往来，参加各种各样的社会活动。

（2）具有与他人交往的能力

能和社会中的其他人建立健康的亲密关系，在与人交往的过程中保持同理心、同情心，接受别人和自己在思想上的不同，不嫉妒他人，不过分存在占有欲。

（3）具有安全感和认同感

能在遇到各种事情时保持情绪的稳定，能接受生活中的挫折和打击，能认同生活的价值，对生活充满希望。

（4）具有现实性

能对生活中的各种事物有清晰的认识，了解其现实状况而不是自己想象的状况，然后作出符合现实的判断和行为，适应各种环境和情境。

（5）具有自我意识

能清楚准确地知晓自己的所有或所缺，能理解真实的自我与理想的自我之间的差别，也知道自己与他人对于自己认识的差别。

4. 情绪稳定

情绪是指人们在从事某种活动时产生的愉快或者不愉快的心理状态。一般可以从人们的情感表现中判断一个人的情绪是否稳定，如果一个人经常表现出过度愤怒、悲伤或者喜怒无常、悲喜交加等，则说明其情绪不够稳定。情绪上的不稳定还可能会导致出现身体健康问题，如生理机能紊乱、各种脏器疾病等。而一个人如果经常保持精神上的愉悦，情绪起伏也不大，则说明其情绪稳定，有助于身心健康。一个心理健康的人，应该具备调节情绪、使自己保持积极和平稳的情绪状态的能力。

5. 行为协调

这里的行为指的是意志行为，即受到意志支配和控制的行为。一个心理健康的人，其意志行为应该表现出以下特点。

（1）自觉性

自觉性是指个体能够明确界定自己行动的范畴，认清自己行动的目的和意义，并能为了实现目标和任务而主动地支配和调节自己的行动的心理品质。自觉性是人们支配自己的行为并在完成目标过程中必不可少的心理品质，拥有了自觉性人们才能在清晰认识现实条件的基础上，不受外力干扰地实施行为以完成任务和目标。

（2）果断性

果断性是指个体在对现实状况进行分析的基础上，能快速作出决策并且执行的心理品质。果断性是行动力的体现，是一个心理健康的人必备的心理品质之一。

（3）自制性

自制性是指个体能排除一切干扰因素，坚定地执行已经作出的决策以实现目标的心理品质。自制性要求人们要克服自己的各种负面情绪和行为冲动，主动制止和排斥与执行决定无关的行为，对于人的发展具有非常重要的意义。

6.心理平衡

心理平衡是指个体的心理特点符合心理年龄。这涉及两个标准，其一个体的实际年龄、生理年龄和心理年龄具有一致性；其二个体在不同的生长发育阶段所表现出来的心理特征应该符合其身份和角色。由这两个标准可以发现，人具有三种意义上的年龄，分别是实际年龄、生理年龄和心理年龄。

（1）实际年龄

实际年龄是指人自出生开始，已经生存的年数，也就是人的自然年龄。

（2）生理年龄

生理年龄是指人在生长发育的各个阶段，机体所表现出来的各种特点。人的生理年龄和实际年龄不一定会保持一致，因为人的生长发育会受到遗传因素、营养因素、生长环境、心理状态等的影响，从而出现发育提前或者发育延迟的情况。

（3）心理年龄

心理年龄是指人在生长发育的各个阶段，所表现出来的心理特征，这里的心理特征指的是一般的、稳定的、典型的心理特征。人在不同的生长发育阶段呈现的心理特征也是不同的，如在儿童时期呈现生长发育速度缓慢、心理天真活泼的特点，青少年阶段呈现生长发育迅速、自我意识增强、心理活动剧烈动荡的特点等。人的心理年龄和实际年龄也不一定完全保持一致。

人的一生中所需要经历的各个生长发育阶段与其相对应的心理时期如表7-2-1所示。

表 7-2-1　人的生长发育阶段与其相对应的心理时期

生长发育阶段	心理时期
儿童阶段	乳儿期
	婴儿期
	幼儿期
青少年阶段（学龄期）	少年期
	青年期
中老年阶段	中年期
	老年期

二、青少年心理发展的影响因素

（一）生物因素

1. 遗传因素

科学研究证明，遗传因素能够在人的身心发展过程中起到一定的作用，个人的心理健康状况也会受遗传因素的影响。其中，遗传因素在人的心理健康方面产生的最显著的影响为某些精神疾病的发生，临床医学已经证明很多精神疾病的发生和遗传有关，一些家族中具有精神疾病遗传历史的个体，患精神疾病的概率会远远大于一般人。

2. 内分泌系统的影响

内分泌系统能通过分泌各种激素对人的生长发育、机体代谢进行调节，还能通过激素控制人的情绪，使人呈现各种不同的心理状态。例如，甲状腺分泌出的甲状腺激素就能对人的生长发育和心理状态进行调节，当人体中的甲状腺激素不足时，人就会呈现骨骼发育不完全、身体矮小、智力低下、反应迟钝的状况；而当人体中的甲状腺激素过多的时候，人又会呈现精神亢奋，容易暴躁、愤怒、紧张等状况。

3. 生理疾病

生理疾病也是影响人的心理健康状况的重要因素之一。通过对存在心理健康问题的学生进行调查，发现其中曾经患过高热惊厥、头颅外伤或者其他一些疾病的学生所占的比例更大。心理问题还会随着疾病的发展状况发生变化，如当疾病比较轻微时，造成的心理问题一般也会比较轻微，可能只是比较易怒、不安等；而当疾病恶化时，人的精神问题也比较容易随之加重，变成认知障碍、出现幻觉或者发生攻击行为等。

此外，人的神经组织会因为受到细菌或者病毒的感染而发生器质性病变，进而导致人出现心理障碍或者精神问题，如果这种状况发生在儿童身上，则有可能导致儿童发育迟滞或者痴呆。除了细菌和病毒感染，脑外伤、化学中毒也能够造成类似状况。

还有一种特殊的情况，就是孕妇的胎内环境和分娩过程也会对胎儿未来的心理发展状况造成影响。例如，孕妇在孕期发生营养不良、吸毒、抽烟、喝酒或者不合理使用药物等状况，或者在分娩时发生早产、难产或者婴儿窒息等状况，这些都不利于婴儿未来的心理健康发展。

（二）环境因素

1. 营养因素

青少年时期是人们生长发育最重要的时期，青少年必须获得充足的营养来支持自己的生长发育，如果出现营养不良状况，不仅会对其身体的生长发育造成不利影响，还有可能会导致各种心理问题的出现。例如，因为长期蛋白质摄入不足而得营养不良的小学生，早期可能会出现精神萎靡不振、注意力无法集中或者抵抗力下降等状况，严重的情况下还可能会出现恶性营养不良，导致各种功能障碍。

2. 家庭因素

家庭因素在人的心理发展过程中起着至关重要的作用，和谐的家庭关系有助于青少年形成健康的心理，而不和谐的家庭关系则很有可能导致青少年出现各种心理问题。在家庭生活中，首先，家长需要处理好各种关系，保持伴侣之间关系的融洽，父母子女之间关系的和谐；其次，家长要对青少年有正确的评价，肯定其长处，指出其短处，帮助青少年形成对自我的正确认识；最后，家长应该充分理解青少年，根据青少年的实际情况对其做要求，防止因要求过高导致青少年产生紧张、焦虑等心理。此外，家庭生活中的一些重大事件对青少年的心理健康也会产生一定的影响，如亲人去世、父母失业等。

3. 学校因素

学校作为青少年学习和生活的主要场所，对青少年的心理发展起着重要的影响。学校因素中对青少年影响最显著的是学校的教育思想、教师的素质、学生之间的人际关系等。

就学校的教育思想而言，有些学校片面追求升学率，为了让学生取得更高的分数不断对学生施压，运用题海战术、延长上课时间等手段作为提高成绩的"法宝"，使学生长期处于超负荷的状态。这些手段违反了学生的身心健康原则，不仅容易给学生带来近视、颈椎病等身体健康问题，还会导致学生长期处于紧张的心理状态，出现失眠、神经衰弱、精神涣散等问题，不利于学生的身心健康发展。

就教师的素质而言，有些教师存在教育思想错误、素质低下等情况，在教学过程中不但没有起到引导学生健康发展的作用，还有可能会对学生进行体罚、冷暴力等，容易给学生造成心理阴影。

就学生之间的人际关系而言，同学之间的关系是青少年最重要的人际关系之一，能对青少年的心理发展起到非常重要的作用。首先，青少年期是一个人从幼稚向成熟转变的时期，也是需要倾诉对象的时期，如果不能和同学进行正常的人际交往，就有可能会因为缺乏倾诉产生心理上的孤独感；其次，青少年期也是培养人际交往能力的重要时期，如果在青少年期没有培养该能力，学生可能在今后的社会生活中无法和人进行正常的人际交往；最后，如果在学校被他人孤立，可能会导致学生出现各种心理问题，不利于学生的心理健康。

4. 社会环境因素

社会环境因素包括经济环境、文化环境、生活环境等因素，这些因素或直接或间接地对青少年的身心发展产生影响。例如，社会意识形态会通过各种媒介信息影响青少年的思想，这也是各国设置电影、电视分级制度的原因之一；各种社会风气也会通过家庭、社区、同伴、传媒等途径影响青少年，良好的社会风气会引导青少年向积极的方向发展，而不良的社会风气则不利于青少年的身心健康；生活环境也会对青少年的心理发展产生影响，有些调查显示，长期生活在城市的青少年会由于住房单元化的原因缺乏和邻里、同伴之间的交流，不利于其培养人际交往技能。

（三）学生自身因素

青少年期是人发展的重要时期，这一阶段人的身体和心理都会发生巨大的变化，在身体上表现为身体发育迅速，逐渐走向成熟；在心理上表现为情感变化激烈，各种情感、意志、需要、动机、性格等都会发生较大的波动和变化。但是由于缺乏社会经验和人生阅历，青少年的思想并不成熟，他们无法正确处理和调节各种情绪，还容易受到别人诱惑和影响，因而很容易偏离正确的道路，出现各种心理健康问题。例如，我们常说的青春期叛逆问题，就是因为青少年的自我意识随着年龄的增长而增强，但是家长依旧采用之前的教育方法，已经不符合青少年这个阶段的思想和个性特征，但是双方又都无法进行调节，没有建立起新的亲子关系，就会导致青少年叛逆心理的出现。

三、学校体育心理健康教育的科学开展

（一）学校体育心理健康教育的教学策略

1.要将心理健康教育有机渗透到体育教育

有机渗透指的是在将心理健康教育渗透到体育教育的过程中，要注意渗透的时机和内容。体育教师在体育教学的过程中，要注意发掘体育学科内容中能够进行心理健康教育的资源，并且寻找合适的渗透点，以合适的方式将两者结合。心理健康教育向体育教育中的渗透必须是有机的、自然的，生硬、僵化的结合不仅无法达到心理健康教育的目的，还有可能会导致学生对这种形式产生厌烦或者抵触心理。

2.要将心理健康教育适度渗透到体育教育

适度指的是适时和有度两个方面的要求。其中，适时指的是在体育课程中渗透心理健康教育的内容时，渗透的时间要合适，一是要注意渗透的时机，需要抓住合适的渗透时机，在合适的时间内渗透心理健康教育的内容；二是要注意心理

健康教育的时间的长度，切忌喧宾夺主，要保证体育课程的主体地位，心理健康教育的时间应该以 3～5 分钟为佳。

有度指的是渗透目标的高度、渗透过程的梯度、渗透结果的效度都分别需要适度。渗透的效果要根据实际状况确定，制订的目标不应该太高也不应该太低；渗透的梯度应该根据学生的实际水平及学生的心理和个性差异，循序渐进地推进。

3. 要将心理健康教育灵活渗透到体育教育

在体育教育中渗透心理健康教育不存在一套固定的模式，想要取得理想的渗透效果，必须根据实际状况制订具体的渗透方案。

就渗入的切入点而言，体育教师可以以学生为切入点，根据学生的特点和学生的心理健康需求进行心理健康教育；也可以以运动项目为切入点，根据项目所需要的各种品质和心理，对学生进行品德和意志力的教育。

就渗透的形式而言，体育教师既可以抓住不同的时机进行分散式心理健康教育，也可以抓住一次时机集中进行心理健康教育；既可以对整个班级集体进行心理健康教育，也可以对部分或者个别同学进行个别心理健康教育；既可以采用全班讨论的形式推进心理健康教育，也可以采用由教师讲解的形式进行心理健康教育。

就渗透的方法而言，包括移情体验法、角色扮演法、认知矫正法、游戏法等。

体育教师在将心理健康教育渗入到体育教育的过程中，应该防止思想固化，要根据现实的情况和需求，灵活地选择切入点、形式和方法，一方面给予学生更多样化的体验，激发学生的学习热情；另一方面保证渗透的合理性，有利于取得理想的渗透效果。

（二）学校体育心理健康教育的教学原则

1. 积极情绪原则

教师和学生在课堂上表现的态度和情绪会极大地影响教学的效果。就学生而言，如果学生对课堂充满热情，以积极主动的态度参与课堂，就会将注意力集中到课堂上，并且会活跃自己的思维对课堂教学内容进行思考，这样不仅有利于加深学生对当堂所学内容的理解，而且有利于学生对知识的记忆，能提升学生的学习效率，使课堂发挥更大的作用；就教师而言，教师如果对课堂充满热情，就会从备课阶段进行认真准备，也会以提高教学质量为目的，不断进行教学形式和教学方法的探索，努力活跃课堂气氛，不断提高教学效果。

此外，教师和学生两者之间的态度也会相互影响。如果学生拥有极高的上课热情，那么也会带动教师的教学热情；同样，如果教师的情绪非常积极，也很容易使整个课堂的氛围都变得更加积极活跃。

在将心理健康教育渗透到体育教育的过程中，教师要以身作则，保持积极的情绪，并且要采用各种有效措施，激发学生的学习热情，活跃课堂的气氛，以保证良好的教学效果。

2. 体验成功原则

渴望成功是人的天性，成功能使人体验到努力的价值，增强人的自信，也能为人的下一步行为提供动力。在教学过程中，除了要让学生掌握所学的知识，也应该让学生体验成功，让学生了解到努力学习的价值，为学生持续提供学习的自信和动力。

教师在贯彻体验成功原则时，首先要根据学生的实际状况，引导学生制订合理的目标，目标应该定在学生通过努力可以达到的程度；其次要根据学生的心理、性格、基础水平等，帮助学生制订科学的学习计划和学习方法；最后要充分发掘学生的兴趣和特长，发现每一个学生心理发展的可能性，并给予正确的指导和培养。

3. 民主自治原则

随着社会发展和教学改革的深入，教师在将心理健康教育渗透到体育教育的过程中，应该改变传统的教学观念，贯彻民主自治的原则。首先，要摒弃传统的以"压、罚、训"为主的错误观念，实行民主化管理，培养学生的主动意识和创造意识；其次，在课堂管理过程中，要在收集班级学生意见的基础上，制订科学合理的行为标准，让学生有"法"可依；再次，在对学生进行教育时，应该以正面教育、肯定为主，消极限制、批评为辅；最后，在学生犯错误时，惩罚应该就事论事，不能将惩罚作为打压学生、报复学生的手段，切忌对学生进行体罚。

民主自治原则是新时代的教学要求，能在尊重学生的天分和需求的基础上，保护学生的积极性和创造性，对于激发学生的学习兴趣、提升教学效果具有重要意义。

4. 个别辅导原则

学生具有个性化的特点，不同的学生能够表现出不同的心理、性格和兴趣等，并且这些特点还在不断动态变化。教师在将心理健康教育渗透到体育教育的过程中，应该密切关注学生的心理状态，及时发现他们的心理问题并进行有针对性的辅导。学生心理状况会通过学习态度、学习方法、人际关系、情绪状态等表现出来，教师要学会从学生的表现中分析学生的心理状况，作出准确的判断，并采取相应的方法，进行有针对性的辅导，这样才能帮助学生从根本上解决问题。

（三）学校体育心理健康教育的教学途径

1. 体育课程教学

学科教学是学校教育的中心环节，一方面承担着对学生进行学科知识教育的任务，另一方面也是心理健康教育的主渠道之一。体育学科作为学校教育的主要学科之一，自然也需要在教学的过程中渗透心理健康教育的内容。

在体教融合背景下，体育教师要在体育课相关规定的基础上，合理利用体育的心理健康教育资源，寻找心理健康教育的契机，把握教学的最佳时机，对学生进行有针对性的心理健康教育。

2. 课外体育活动

课外体育活动是学校教育中必不可少的内容，它和体育课程教学一起构成了完整的体育教学过程，对于实现体育教学目标具有重要意义；课外体育活动还是青少年参加体育锻炼活动的重要途径，青少年能通过课外体育活动增强体质，得以全面发展；此外，课外体育活动还承担着对学生进行素质教育和心理健康教育的重要任务，可以以合理的方法和手段将心理健康教育渗透到课外体育活动，使学生在课外体育活动的过程中获得心理健康教育，促进心理健康发展。课外体育活动的形式主要包括课外体育锻炼、课外体育训练、课外体育竞赛等。

3. 营造健康的校园体育文化环境

环境对人的发展具有重要的影响，良好的校园体育文化环境对于开展体育教育活动，推进心理健康教育向体育教育渗透，促进学生身心的全面、健康发展都具有重要的作用。

在营造健康的校园体育文化环境的过程中，学校的每一位教育工作者都应该参与进来，为营造有利于学生身心发展的校园体育环境贡献自己的力量。就学校领导及各级行政管理人员而言，首先要制订合理的营造健康校园体育文化环境的规章制度；其次要制订明确的行为规定，对各项行为和活动加以保障或限制；最后要为各项设施的建立和各项活动的开展提供服务，为营造健康校园体育文化环境提供基础保障。就学校体育教师而言，首先需要做好自己的本职工作，保证体育教学的质量；其次要积极参与到学校体育文化环境的建设中，推动相关体育活动的开展。就学校班主任而言，首先要给予体育课程充分的重视，保障学生进行体育课程的权利；其次要大力支持学生参加或者举办各项体育课外活动，以促进学生身心的全面发展作为最终目的。

在营造健康校园体育文化环境的过程中，学校可以采用丰富多彩的活动形式，以吸引学生的兴趣，营造浓厚的体育氛围。主要活动形式包括加强体育教学、开设体育选修课程、成立学生体育俱乐部、举办课外体育竞赛和体育训练活动、开展学校之间的体育文化交流等。

4.加强体育与健康课程的管理

首先，教育主管部门要加强学校体育与健康课程的建设，对目前学校体育与健康课程标准做进一步的完善，加强国家教材、地方教材和校本教材的建设与管理，并及时完善与素质教育和学校心理健康教育相适应的大中小学体育课程指导纲要。

其次，应该加强对体育教师的专业技能培训。体育与健康课程对体育教师提出了在体育教学的过程中进行心理健康教育的要求，这意味着体育教师需要在体育教学能力的基础上，发展心理健康教育的能力，因此必须加强对体育教师的培训，培训的重点应该集中在心理咨询、心理辅导的技能与技巧上。

最后，教育主管部门和大中小学校还应该加强对体育教育科研工作的管理。应该组织人力、物力，对学校体育开展心理健康教育进行专题研究，探讨出学校体育开展心理健康教育的途径、方法和教学模式，为学校体育开展心理健康教育，提高学生心理素质水平奠定坚实的基础。

第三节 体教融合背景下青少年道德人格健康与发展

本节在体教融合视阈下探讨青少年道德人格健康与发展，首先阐述道德人格的基本知识，其次分析青少年道德人格的主要问题，再次分析青少年道德人格问题的成因，最后提出培养青少年健康道德人格的路径。

一、道德人格概述

（一）人格与道德人格的概念

1. 人格概念的多学科界定

关于人格的概念与内涵，从不同学科视角出发可以作出不同的解释，下面分析不同学科对人格概念的不同界定。

（1）心理学中的人格

心理学界一般把人格与个性结合起来进行阐释，人格是指个体整个精神面貌，即具有一定倾向性的、较为稳定的心理素质和特征的总和，表现为人的性格和个性等。

（2）人类学中的人格

人类学认为，人格是人类脱离动物界在生命和思维活动过程中逐渐形成和发展起来的人的资格、身份和标志。

（3）社会学中的人格

在社会学中，人格被定义为成人所具备的个人性格，是个人行为特质表现的统一性和固定性的统合形式。

（4）法学中的人格

在法学中，人格是人所享有的受法律保护的尊严和自由权利，是从社会的宏观视野观照与个体权利义务相称的精神特征，如受法律保护的利益、作为权利主体与他人建立起来的社会关系、具有独立法律地位的民事主体及其必备条件的民事权利能力等。

2. 伦理学中的道德人格

在伦理学中，人格与道德人格的概念与内涵基本等同，道德人格是通过人的性格、气质、能力表现出来的个人尊严、价值、道德修养、道德境界、道德品质的总和，是通过社会化而形成的具有相对稳定性的个人特征的综合，是由个人的知识、品德、经验、情感思维方式、价值观念、行为方式等因素构成的有机统一体。

（二）道德人格的结构

道德人格的内在构成包括下列 3 个部分。

1. 道德准则意识

道德准则意识是道德人格主体从自己对生活的理解出发而确立的为人处世、待人接物的根本态度和立场原则。道德人格主体的严于律己的精神从其道德准则意识中反映出来，而且这一精神具有高度个性化的特点。道德人格主体一定程度上认同社会道德规划或道德原则，从而形成了道德准则意识。但主体的道德准则意识是个性的和具体的，是与个体生活经验密切结合的，不像社会道德准则那样普遍而抽象。个体在与他人建立和维持关系，以及置身于社会背景下处理相关利益关系的过程中，往往会将自己的道德准则意识作为原则去参考和贯彻。

2. 道德责任意识

在个体道德人格的内在构成中，道德责任意识居于核心地位，是最深层次的构成因素。个体表现出自觉自主的道德行为主要来源于自身强烈的道德责任意识。个体道德人格的特质不仅体现在个体为人处世的标准和态度方面，即体现在道德准则意识中，而且也体现在个体在待人接物和处理社会利益关系的自我调控方面，也就是体现在道德责任意识中。道德准则意识和道德责任意识都能体现出个体的道德人格特质，但二者载体不同，侧重点不同。

3. 道德目标意识

在个体道德人格的内在构成中，道德目标意识作为其中一个重要的组成部分发挥着导向作用和驱动作用。道德目标意识是以理想为核心的，道德人格主体的生活目标、奋斗目标及对未来的愿景和追求在其道德目标意识中得到集中反映。道德目标意识是道德人格主体从自身最根本利益和长远利益出发而建立的一种价值标准，它反映了主体不满意现状和现实，并不断反思，自觉履行职责、完成任务和使命从而改变现状的积极人生态度。道德人格主体拥有丰富而自由的本质力量，其个体意识和实践行为在某种形态上达到了一致的程度，而这主要从其道德目标意识的核心——道德理想中体现出来。人有很多理想，道德理想是集导向性、调节性、内驱力于一体的重要组成部分，在其他理想中深入渗透，对整个理想系统产生重要的影响。

上述道德人格的三大内容构成因素相互之间紧密联系，有机统一，从而构成了道德人格的完整系统，构成了人的内在人格力量。三大要素的相互关系解释如下。

第一，道德准则意识是道德责任意识的直接根据，是道德目标意识的价值基础。

第二，道德责任意识推动个体道德准则意识转化为道德行为（以个体自我调控为手段），同时使个体在道德行为中表现出道德理想。

第三，道德目标意识对个体道德准则意识、道德责任意识具有激励和导向作用，引起个体情感波动并形成带有意志性的道德行为习惯。

（三）道德人格的特征

1. 意志自主性

个体要成为道德人格主体，必须具备意志独立、自主、自由这一必要条件，这个条件也是判断个体是否为道德人格主体的主要标准。道德意志是道德人格主体的自主自决品质，是理性的人格特征，其形成不以感性世界为依赖。

2. 主体完整性

道德人格主体是由各种各样的成本、因素构成的，这些因素是紧密联系的，是有机统一和不可分割的，这便是道德人格主体的完整性。主体的完整性主要从其拥有完整的道德人格中体现出来。

完整的道德人格具有社会性和个体性的统一、内外统一、知行统一等特征，这些特征又主要通过道德人格主体反映出来。其中社会性与个体性的统一是道德人格在形式与内容上的主要特点，反映了个体与社会是相互影响的，个体既有个体性，也有社会性；内外统一和知行统一是道德人格在道德价值和道德意义上呈现出来的特点，其中内外统一是指内在人格价值与外在社会价值的统一，知行统一是指道德意识和道德行为的统一。

3. 自我同一性

个体具有社会性，而社会生活是动态变化的，但不管社会如何变化，个体的内在品格、道德人格不会发生本质上的改变，这便是自我同一性。道德人格的这一特征具体从下列 3 个方面体现出来。

（1）自我对社会本质的自觉保持

道德人格主体与社会环境存在着深层和本质性的联系，而且要负起对他人和社会的责任，并自觉履行。道德人格主体基于这方面的深刻认知而自觉履行职责。

（2）自我心理认同

在与社会环境建立联系和处理各种利益关系的过程中，道德人格主体根据道德目标意识和道德准则意识在内心世界建立了一个"理想的我"，并认可和肯定这个"理想的我"，将"理想的我"作为自己的奋斗目标和长远追求，努力成为自己想要成为的那个"我"。

（3）自我表现调控

社会实践是不断变化的，道德人格主体在社会的动态运行中要扮演各种各样的角色，不同角色对主体的职责要求不同，主体在不同角色中要履行不同的职责，也要采取不同的行为模式，但角色的转变并不会带来内在心理根本上的变化，不管扮演哪个角色、履行什么职责，主体都要服从自己建立的道德准则，通过自我调控而保持内在意志、责任及目标的相对稳定。

二、青少年道德人格的主要问题

在全面推行素质教育和体教融合背景下的当下，培养全面发展的人才成为学校的重要教育理念，因此青少年道德教育、道德健康、全面发展受到了一定的重视，学校开设思想品德课程，积极培养青少年的健康道德人格，家长也注重学生道德的健康和全面成长，社会对青少年道德人格的养成与完善也产生了重要的影响。在学校、家庭、社会多方的共同作用下，大部分青少年形成了健康的道德人格，道德良好，人格越来越健全，多数青少年学生掌握了道德知识，树立了良好的道德观念，形成积极健康的道德情感和高尚的道德品质，表现出规范自觉的道德行为。这些都充分展现了新一代的良好精神面貌，为国家繁荣昌盛及民族振兴提供了强大的精神动力。

然而，对于尚未形成健康道德人格的少数青少年也要给予高度的关注和重视。部分青少年因为没有太多机会接触社会，思想观念不够成熟，行为方式比较简单，所以在道德人格方面存在一些不良现象，这是必须高度重视的问题，要从实际出发及时干预，纠正不良道德行为，使每一位青少年都能在道德人格方面有所进步和发展。具体来说，青少年道德人格的主要问题表现如下。

（一）道德观念依附性较强

道德观念的形成过程具有社会化的特性，这个过程是长期的，也是反复的，在这个过程中，青少年会接触到大量的道德信息，会尝试性地作出一些道德层面的选择，从而将自己的道德观念和道德原则确定下来，并对个性化的道德行为模式予以构建，最终形成较为稳定的、长期的、持久的道德人格。然而，在传统灌输式教学理念和教学模式的影响下，青少年被要求短期内将教师传授的道德知识全面接受，而对于一些重要的道德问题，缺乏反复的推敲和必要的强调，学生缺少时间和机会从自我反思中将自己的道德目标确定下来。所以即使青少年的道德人格在教育计划内形成且符合教育目标，也是不符合科学规律的，他们的道德人格中自主思考与行动的因素是缺失的，师长期待和社会要求等因素占主导，这就使得青少年的道德人格表现出明显的依附性，与此同时，也会造成心理上的偏执、保守，缺乏坚定的价值观和自主思维方式。

（二）道德信仰缺失，理想淡薄

在社会转型期，各种不同的思想、价值观、文化相互碰撞、相互影响、相互渗透，使人们在追求人生理想时感到茫然，青少年还处在身心发育期，身心发展尚不成熟，道德观念也不够深刻，人格发展还有很多有待健全的部分，因此青少年在追求人生理想的路途中比成人更容易感到迷茫。基本人生观的缺乏是很多青少年普遍存在的问题，一些青少年对自己的人生理想缺乏思考和向往，没有奋斗的目标和方向，没有能激励他们的正确动机，导致部分青少年不遵守学校规章制度，无故逃课，而且不遵守社会道德准则，作出一些不道德的行为。道德信仰缺失和道德理想淡薄对青少年的健康成长和未来发展造成了严重的影响。

（三）道德情感淡漠

部分青少年的道德行为并不是在深思熟虑的基础上作出的选择，而是以无所谓的态度盲目作出的选择，这反映了青少年道德情感的淡漠性。道德情感淡漠的主要表现如下。

第一，对作出良好道德行为的人没有表现出应有的好感，如仰慕、敬佩、称赞等。

第二，对身边发生的不道德行为视而不见，充耳不闻，态度冷淡等。

（四）道德意志薄弱

自制、自觉、果断、坚韧、顽强、勇敢等是新时代青少年应该具备的良好意志品质。但现实中不具备这些意志品质的青少年有很多，这些青少年在日常学习或生活中，遇到学习挫折、生活困境、人际关系难题便果断放弃，或一心寻求成功的捷径，而不是沉淀下来解决问题。还有一些青少年缺乏对善恶、好坏的分辨能力，盲目赶时髦、追潮流，从众心理严重，不结合自身实际而盲目攀比。意志品质薄弱比困难本身更可怕。

（五）知行脱节

知行脱节指的是道德认知与道德行为相互脱节，言行不一、表里不一。从本质上来看，这其实是青少年现实理想自我与道德理想自我之间严重分化的问题，适宜范围内的道德分化有助于促进青少年从现实道德自我转变为理想道德自我，但如果道德分化严重，超过适度范围，再加上青少年不具备良好的道德人格自我综合能力，就会造成知行脱节的道德人格问题。例如，有些青少年对遵守社会道德规范有一定的认识，对社会行为是否符合道德行为规范和标准也能作出正确的判断，但没有在正确意识的支配下遵守社会道德准则而去规范和约束自己的言行，表现出违反道德的不良行为，如破坏公物、不讲礼仪、语言粗俗、污染环境等。这充分表明这些青少年存在严重的知行不一的问题。

（六）道德人格的双重性

道德人格的双重性与同一性是相对的。道德人格的同一性是培养青少年道德人格的一个重要目标，旨在使青少年在不同的社会角色中都能表现出稳定的和基本相同的道德品质及道德人格。如果青少年在扮演不同社会角色的过程中表现出明显不同的道德品质，道德品质明显不稳定，没有始终如一，那么我们就将这种道德人格称为双重性道德人格。它具体体现在 2 个方面。

1. 人前人后的两面性

有的青少年在学校面对老师和同学，以及在家中面对家长都表现出很好的一面，言行举止规范，符合道德标准，然而一旦离开家庭和学校，就言行粗俗，将作为一名学生应遵守的道德规范抛之脑后。

2. 对人对己的双重标准

青少年在自我评价和评价他人时参考的标准不同，评价别人时要求很严格，而对自己却很包容。有的青少年以自我为中心，将自己的利益看得高于一切，希望别人都能迎合自己，自己却不配合他人，不承担自己的责任，将自己应该履行的义务抛到九霄云外，却不断强调自己应享受的权利。

三、青少年道德人格问题的成因分析

（一）家庭因素

1. 家庭结构

根据家庭结构的不同，可以将家庭分为原生家庭、单亲家庭、隔代家庭、再婚家庭、离婚家庭等，不同的家庭结构代表着不同的家庭完整程度。研究表明，在单亲家庭、隔代家庭、离婚家庭等不完整家庭中成长的孩子更容易出现道德人格问题。

2. 家庭关系

家庭关系指的是父母关系和亲子关系，和谐的家庭关系对青少年道德人格的养成具有重要意义。而如果父母关系或亲子关系紧张、淡漠，那么容易使青少年表现出敏感、冷漠、自私、叛逆、双重性等的人格缺陷。

3. 家庭教育

道德人格健康的青少年，其所在的家庭往往是主张民主的和睦家庭，父母对孩子的教育是科学的、民主的。而道德人格不健康的青少年的家庭在教育上往往存在过于严格或完全因溺爱而不管教的问题，这就导致青少年的道德人格存在这样或那样的问题。

（二）学校因素

1. 教育体制

因为传统教育理念深入人心，所以应试教育的现象依然存在，这严重阻碍了素质教育的推行。在传统教育体制下，文化课成绩成为学校、家长和学生的主要关注点，升学率成为学校的重要追求。为了提高升学率，学校一门心思搞好文化课教学，渐渐将思想品德课、思想政治课、体育课等有利于培养青少年道德人格的课程挤到边缘课程的队伍中，学生的课后时间也被各种辅导班挤占，很少有时间去提升自己的道德素养，从而制约了良好青少年道德人格的形成和实践能力的发展。

2. 管理体制

在应试教育体制下，学校对学生的管理以量化为主，旨在提高学生的学习效率和学习成绩。量化管理体制的运行必然对德育的实施造成限制，从而影响青少年道德的培养与人格的健全。我们倡导学校教育树立全面育人理念，要培养全面发展的人才，避免在教书和育人过程中过于功利化，过于强调"智"（成绩、升学），而忽视德、体、美、劳的教育。要培养青少年的道德人格品质，就必须开展德育工作，不能将文化课成绩作为衡量学生能力的唯一标准，要将学生的道德品质、体育能力、劳动能力、审美能力都纳入学生评价体系，真正贯彻执行素质教育的要求。

（三）社会因素

1. 社会环境复杂

改革开放以来，我国现代化建设取得了卓越的成就。但随着经济一体化和文化多元化进程的加快，各种社会思潮相互碰撞，人们的价值观念和道德人格呈现出多元化、复杂化趋势。在信息时代，互联网全面普及，但因为缺乏有效监管使社会信息良莠不齐、难辨真伪。面对复杂的社会形势，青少年的道德人格容易弱化。

2. 市场经济的负面影响

市场经济是一种效率经济、法治经济，同时也应该是一种道德经济。但由于我国市场经济体制还没有完全成熟，市场规则、制度尚不完善，市场约束机制还不健全，同时由于市场经济主体以利润最大化为最终目的，使人们普遍形成"天下熙熙，皆为利来；天下攘攘，皆为利往"的认识。在物质化、功利性的社会氛围下，青少年的道德人格容易出现问题。

（四）青少年自身因素

1.身心发育不成熟

青少年期是个体身心发育从萌芽向成熟的过渡时期，也是世界观、人生观、价值观形成的重要时期。由于青少年身心还处于发育阶段，认识能力和是非辨别能力有限，自控能力较弱，缺乏社会经验，容易受不良信息的影响，从而易导致各种道德人格问题的发生。

2.性格缺陷

性格是人对现实的态度和行为方式中比较稳定且具有核心意义的个性心理特征。不良性格如孤僻、自傲、多疑等易造成各种道德人格问题，甚至是违法犯罪的严重问题。

四、体教融合下青少年健康道德人格的培养路径

（一）体育和体育教育与青少年健康道德人格塑造

1.体育与道德人格的塑造

体育运动对人类情感具有巨大的凝聚力，它将人们的情感和智慧交流融为一体，使人与人之间建立起相互依赖、信任、关心、尊重的和谐关系。通过开展体育活动，不仅交流了感情，增进了友谊，还能培养青少年的意志品质、奉献精神、创新品质。健全人格是在家庭、学校、社会环境的影响和教育下形成的，学校体育在学生道德人格培养中具有不可替代的作用。学校开展各项体育活动，可以培养学生坚强的意志品质、吃苦耐劳的精神、顽强拼搏的作风和良好的责任感及行为习惯，而这些是学生健康道德人格的重要组成部分。

2.体育教育与道德人格的塑造

体育教育能帮助学生树立正确的自我意识，提高情绪控制能力，磨炼意志，改善人际关系，提高社会适应能力，形成乐观向上的生活态度，使人格的多个方面得到协调发展。学校应重视体育教育，挖掘体育学科在培育与健全学生道德人

格方面的潜力和价值，切实提高学生的全面健康水平，促使学生不断发展。

（二）青少年健康道德人格塑造的路径

1.完善体育课程内容

在体教融合背景下开展体育教育工作，充分发挥体育教育的德育功能，有助于培养青少年的道德人格和内在品质。体育教育的德育功能能否得到充分发挥，青少年能否在体育教育中实现道德人格的提升，关键在于体育教育中选取的课程内容是否合适。为了达到更好的德育效果，应该积极完善体育课程内容体系，不断补充新内容，增强课程内容的丰富性、实用性，充分发挥课程内容的全面教育功能。

不同的运动项目有不同的特征和功能，而青少年学生性格各异，在体育教育中选择运动项目，教师要先了解青少年学生的性格差异和主要存在的性格问题，从而依据这一现状来选取能弥补学生性格缺陷，促使学生心理健康、道德健康及人格健全的项目。青少年学生也要清楚自己的道德人格问题，并根据自身需要而选取适合自己的运动项目去参与，在科学的运动锻炼中克服缺陷，解决问题，从而逐步形成健全的道德人格。不同性格类型的青少年适宜参与的运动项目如表7-3-1所示。

表 7-3-1　不同性格类型青少年选取的运动项目

性格类型	运动项目	目的
紧张型	大众项目、比赛项目	增强冷静、沉稳适应能力
胆怯型	摔跤、跳马等挑战性强的项目	克服胆怯、害羞心理
多疑型	乒乓球或击剑类项目	锻炼果断力
孤僻型	大球类或接力赛等团体合作项目	转变独来独往，接受群体
虚荣型	体操等多技巧、难度大的项目	培养谦虚品质
急躁型	太极或射击等考验控制力的项目	稳定情绪，提高情绪控制能力

2.营造良好的校园体育文化氛围和道德文化氛围

学校有关部门应面向全校学生广泛宣传和普及体育知识、道德知识，宣传手段有广播宣传、板报宣传、校刊校报宣传、电子屏幕滚动宣传、组织讲座进行宣传等。将各种可利用的媒介充分利用起来，使学生掌握体育知识、道德知识。此外，要大力宣传学生身边的好人好事，吸引学生的注意力，使学生向做好事的同学学习，从而营造健康向上的、互帮互助的、和谐融洽的校园氛围。在体育宣传方面，可以建立校园体育社团或俱乐部，吸引学生参加社团或俱乐部活动，使学生在形式多样、内容丰富的体育活动中磨炼自己的意志品质，形成良好的体育道德和体育精神，提高学生的综合体育素养。此外，还要调动学生的运动热情，利用青少年争强好胜的心理品质去培养其正确的竞争素养，使青少年学生在遵守运动规则和道德规范的前提下约束自己在运动中的言行，养成知行合一的良好道德品质和行为习惯，并将在运动中形成的良好道德人格运用到学习和生活中，从而在不同环境或角色中都能始终保持良好的道德品行。

3. 将道德教育融入课外运动训练和体育竞赛中

课外运动训练可以使学生体验生理和心理上的挑战，同时挖掘学生体育运动方面的天赋，通过身心锻炼，学生得到全面发展，并为国家培养优秀的体育人才。青少年通过艰苦的训练提高运动能力，代表学校参加各种比赛，在比赛中展示杰出的运动能力和健康的思想品德。课外运动训练是在教练员的指导下对青少年学生所进行的技战术、体能和心理等方面的严格的大强度训练。有研究表明，参加过课外运动训练的学生不仅有强健的体魄、充沛的精力，同时道德品质、精神品质、社会环境适应能力、角色转换能力及后续发展能力也是突出的。课外运动训练对学生道德人格的养成具有积极的作用，能培养青少年学生勇敢拼搏、公平竞争、积极进取、集体主义精神等优良道德品质。在运动训练中，教练员要训练方法得当，将德育充分融入其中，同时教练员以身作则，起到道德表率作用，这有助于实现良好的道德教育目标。

在体育比赛中也可以融入道德教育，使学生在切身体验和竞争环境中实现道德品质的升华。青少年学生参与体育比赛，应注重各种比赛礼仪，展现自身的风度和修养：比赛过程中以集体荣誉为主，相互协调配合，遇到困难时相互鼓励，为集体荣誉而拼搏；场下同学以合理的方式为参赛同学加油助威，以不扰乱赛场秩序为原则。这在无形中培养了学生之间的友谊，增进了情感，增强了集体凝聚力，使集体主义精神发扬光大。此外，学生运动员在比赛中要尊重对手、遵守规则、服从裁判，学生观众要遵守赛场秩序相关要求，文明用语，规范言行，这些都充分反映出运动员和观众的道德修养。

4.在体教融合的教育实践中灵活运用各种道德教育法

基于体教融合理念而开展的体育教育实践中的道德教育方法既不同于一般的体育教育方法，也不同于一般的道德教育方法，一般的体育教育方法主要是指在身体素质和专项能力教学中的练习手段，具有专指性和局限性；一般的道德教育方法通常是适用于各学科教学的德育手段，具有广泛性和普遍性。体育教育与其他学科教学有很大的区别，若将一般德育方法运用到体育教育实践中，就显得德育过于简单、生硬、流于形式，从而使体育教育的德育功能难以充分发挥。在体育教育中进行道德教育的方法主要有说服法、表扬法、榜样法、批评法、奖惩法等，除了运用这些方法，体育教师还应该基于体教结合的理念和体育教育的独特性而设计行之有效的教育方法，如胜利激励法、失利勉励法、行为规范法、挫折磨炼法等。

第四节　体教融合背景下体育后备人才的培养

在当前体教融合的背景下，学校体育后备人才培养受到党和国家的高度关注，相继颁布一系列体育政策，旨在解决学校体育后备人才培养问题，实现青少年体育事业的长足发展。

一、当前体育后备人才培养中存在的问题

（一）适应市场经济体制的培养模式亟待建立

随着全面深化改革的发展，体育系统后备人才培养模式也发生了显著的变化，但由于项目及地域经济发展的不平衡，体育体制和文化教育体制的改革滞后于社会整体发展。后备人才培养还处在计划经济体制向市场经济体制转型的过渡期，并没有完全脱离计划经济时代形成的模式。从社会发展整体形势来看，目前后备人才培养的供求机制、竞争机制、价格机制、调控机制等并没有由市场来调节，培养目标依然导向为高水平专业运动队或职业俱乐部输送人才，因此难以适应市场经济的发展要求。

（二）培养目标与社会、家庭、个人需求相背离

从当前体育系统后备人才的培养目标来看，近年来各培养机构的主要任务是为优秀运动队培养具有发展潜能的后备人才，发展运动员竞技潜能仍然是各培养机构最主要的培养目标。这种培养目标和培养方式单一，训练任务繁重，通过挤占文化学习时间来换取更多训练时间成了提高训练水平不可或缺的办法。加之运动成绩与单位、教练员，运动员利益直接挂钩，重训轻文的现象仍然严重，使运动员的全面发展实际情况与社会需求相背离。正是这一培养目标的偏差直接导致了多数家长不愿意送子女从事专业竞技体育，造成后备人才数量不断萎缩的现实。这一现实已经对后备人才培养路径产生了威胁，对我们提出了警示。

（三）业余训练与文化学习矛盾突出

多年来，业余训练与文化学习之间的矛盾一直是困扰后备人才培养可持续发展的主要因素。特别是很多有体育天赋的青少年运动员为了不荒废文化学习而放弃参加业余训练，这对于后备力量的储备、竞技体育的可持续发展是不利的。从当前社会发展现实来看，一方面，业余体校的运动成绩关乎学校的存亡，运动成绩差的学校面临着淘汰的危险；另一方面，如果长期从事大负荷运动训练，不仅影响青少年的正常生长发育，而且疲劳的积累、伤病的困扰不可避免地影响他们的文化学习。每周 5 次的训练已经不受家长的欢迎，大多希望每周训练 3 次，这样有助于青少年体力的恢复和文化课的学习。而且国外的青少年业余训练一般也是每周训练 3 次，其中 1 次还安排在双休日。那么，我国业余训练能否根据青少年特点及家长意愿，不断探索训练规律、创新训练观念、改革训练模式，值得期待。

（四）教练员素质有待提高

在后备人才培养中，教练员素质的高低直接影响到业余训练质量和培养效率。国家体育总局印发了《体育教练员岗位培训管理暂行办法》等一系列相关的法规性文件，并通过举办各种形式的教练员岗位培训和提供国外学习机会，确实对广大教练员的思想、业务和素质等提高起到了积极的推动作用，特别是基础教练员的学历层次得到了普遍提高，业务能力、敬业精神得到了家长及社会的认可。但不可否认的是，也有少数教练员学历高而能力低，不重视业务能力的提高，加之

自身素质较低、育人意识不强，对运动员的培养不负责任。更有甚者，由于受社会不正之风的影响，把教练员工作当作捞钱的工具，严重影响了教练员队伍建设和后备人才的培养工作。

（五）培养法规体系有待进一步完善

体育后备人才的培养关系到竞技体育的可持续发展。从当前体育系统后备人才的现状来看，后备人才培养出现了众多亟待解决的问题，具体归纳起来主要有：一是体育后备人才的出口太窄，据统计，除2%左右的体校学生能进入优秀运动队外，剩下的运动员则面临升学、就业、自谋职业等社会现实问题；二是基层业余体校办学优势弱化，运动员训练和学习矛盾突出，体育后备人才训练科学化程度不高，目前，体育运动学校的文化教育工作纳入九年义务教育序列还没有得到实质的落实，后备人才的文化素质普遍偏低，各级各类体校生源数量下降，招生困难；三是体育后备人才输送机制不健全，优秀教练员、运动员人才流失严重等问题存在，不仅导致了后备人才的极大浪费，而且使整个体育后备人才培养机构，尤其是青少年体育运动学校呈萎缩状态，无法吸引青少年参加业余训练，已经严重削弱和制约了竞技体育事业的发展。因此，为了加强后备人才培养，提高培养效率，促进竞技体育持续健康发展，必须制定与我国社会发展实际相符合的、操作性强的、能规范后备人才培养秩序的一整套后备人才培养法规体系。

（六）社会保障制度滞后

运动员退役后的安置已经成为一个典型的社会问题。运动员退役后的社会保障工作与后备人才培养工作看似是两个问题，实则是一个问题，那就是如何推动竞技体育人才的可持续发展问题。而这一问题的根本落脚点就在于如何培养与时俱进的、适应社会发展需求的竞技体育后备人才。这一问题困扰着体育管理部门、运动员及家长。调查发现，包括原来是专业运动员在内的许多家长都不愿意自己的子女进入专业队从事专业运动训练，即便是子女具有良好的身体条件和体育天赋。表面看来，是运动训练的长期艰苦性让家长却步，但更深层的原因则是运动员的社会保障程度低、出路窄，不利于子女自由、全面和可持续发展。因此，社会保障制度的滞后已然对竞技体育后备人才市场产生了较大的负面影响。

分析现状，我们不难发现，随着社会的转型、经济的转轨使我国体育系统后备人才的发展面临着危机，而这些危机的出现恰恰与后备人才培养可持续发展思路形成了强烈的冲突，不管是发展度（数量维），还是协调度（质量维）和持续度（时间维）都违背了可持续发展的基本要旨。因此，在当前中国社会现实环境和体育制度环境下，我们应该顺应社会改革方向和发展趋势，在系统的、整体的、可持续发展思路的指引下，把握后备人才培养的特点，遵循后备人才培养的发展规律，思考后备人才的改革方法，探索适合社会发展的后备人才培养可持续发展运行机制已成必然之势。

二、体育后备人才培养的优化策略

（一）加强体育政策的宣传

政策宣传是连接体育政策与相关人群的纽带，有效的体育政策宣传能提高政策知晓度，对体育政策的贯彻和有效执行具有不可替代的作用。《关于深化体教融合促进青少年健康发展的意见》（以下简称《意见》）、《关于进一步完善和规范高校高水平运动队考试招生工作的指导意见》（以下简称《招生意见》）对学校体育工作提出一系列政策措施，为学校体育后备人才培养提供了新的改革方向，是当前青少年体育事业发展的风向标。首先，国家体育政策颁布后，学校领导及体育部需要反复阅读并剖析政策内容，明确其传达的要求和思想，并结合学校的实际情况制订有效的政策执行方案，再通过层层递进的方式及时传达给学生和相关人员；其次，体育政策宣传应具有选择性和针对性，在国家颁布的体育政策中，有些政策的作用对象尽管不是中学体育工作，但其改革措施对中学体育事业的发展具有较大影响，如《招生意见》的政策作用对象为高校高水平运动队，对中学体育工作没有直接联系，但《招生意见》的实施对中学体育后备人才培养产生了明显影响，因此学校还需要加大对该类政策的宣传力度；最后，教练员作为运动员的直接管理者，不仅要在政策的贯彻执行上发挥重要作用，还要在政策的宣传上发挥纽带作用，在训练中及时向学生介绍国家最新体育政策，同时，还要加强和文化课教师的沟通，向他们介绍最新体育政策情况，以便文化课教师根据政策内容对运动员的教学计划进行相应的调整。

（二）更新思想观念，正确处理学习和训练关系

《意见》的提出将我国体教融合推向了新的发展阶段，新时期体教融合总的体现为体育回归教育，既要在教育中重视学校体育工作，又要全面把握体育的育人功能与价值，实现综合育人功效。首先，学校领导和体育事务管理者应正确认识运动员学习和训练的关系，文化学习与运动训练既有矛盾的一面，也有相互促进的一面，其矛盾的一面主要体现在时间上的冲突和运动员精力的分配上，其相互促进的一面体现在学习文化课知识可以为运动技能的学习奠定理论基础，而运动训练能够促进身体、智力的发展。同时，运动训练是艰苦的，能够磨炼运动员的意志品质。因此，在体育后备人才的培养过程中，教练员要积极发挥学习和训练相互促进的一面，避免其相互矛盾的一面。将运动员的训练和学习放在同等重要位置，实现"学训"并行。例如，制订符合青少年阶段身心健康发展的训练体系，制订符合现阶段学生身心发展的训练计划，设计针对性强、负荷量适宜的训练内容，避免运动员出现因训练太累而忽视文化学习的现象，创造理想的训练环境，完成训练工作的同时，保证其学习效率。

以往，运动员培养主要由体育部门负责，学校体育主要负责增强学生体质、增进学生健康，没有形成教会、勤练、常赛的完整体系。学校体育是培养竞技人才最广泛的基地、体教融合政策强调一体化设计、一体化推进，在学校成立高水平运动队，将高水平运动队发展纳入国家竞技体育人才培养规划。把青少年运动员的培养纳入学校体育体系，在体育传统特色学校的基础上建立从小学到大学、专业队、职业队的"一条龙"人才培养体系，尽快实现单项运动协会实体化改革，国家体育总局放权给运动协会，通过脱钩发挥单项运动协会在培养竞技体育人才方面的积极作用。以往我国竞技体育人才主要由环境相对封闭的传统体育校、业余体校和专业队来培养，三级培养体系注重运动员的训练竞赛，忽视了运动员的文化教育和全面发展。体教融合强调竞技体育人才纳入教育系统培养，采用延长学制、保留学籍等方式保障学生运动员的文化学习，提升运动员的综合素质和社会适应能力。在保障教学质量和学业标准的前提下，为青少年文化和体育同步发展提供良好的政策环境。

（三）加强对运动员文化课学习的重视和管理

文化素质是体育后备人才全面发展的重要一环，也是当前我国学校体育后备人才培养的短板，学校应加强对运动员文化课学习的重视和管理。

1. 建立奖惩机制，激发运动员学习动机

与普通学生相比，运动员还面临着繁重的训练任务，往往会因为训练太累或是学习基础差而丧失学习兴趣。因此，学校可以建立适当的奖惩机制，对学习积极、学习成绩取得进步的运动员及时给予适当的奖励，并让他们发挥榜样作用，激发其他运动员的学习动机；对于学习态度懒散的运动员也要作出一定的惩罚，但要保持适度，避免打击他们的积极性，鼓励他们积极改正。

2. 加强教师与教练员的沟通

相对于文化课教师而言，运动员往往与教练员相处的时间更长，同时，由于工作性质的不同，教练员对运动员更有威慑作用。因此，教练员应经常与文化课教师或班主任进行沟通，实时掌握运动员学习情况，通过教练员督促运动员进行文化课学习，往往会取得更好的效果。

3. 建立补课机制

运动员难免会因为训练和比赛出现缺课的情况，学校应根据情况给缺课的运动员补课。由于不同运动员之间的训练和比赛的时间安排不同，缺课情况也不同，学校可根据实际情况建立灵活的补课机制，如学校可以安排文化课教师在固定的时间为运动员进行辅导，不安排统一补课，运动员根据自己具体缺课情况自行向老师请教；或施行教师随队教学保障运动员的文化课学习等。

（四）整合青少年体育赛事和运动会

完善青少年体育赛事体系，需要按照一体化设计、一体化推进原则，通过体教融合进一步整合学校比赛、系列比赛等各级各类青少年体育赛事，建立分学段、跨区域的青少年体育赛事体系，利用课余时间组织校内比赛、周末组织校际比赛、假期组织跨区域及全国性比赛，以及合并全国青年运动会和全国学生运动会，改称全国学生（青年）运动会等。

1. 整合体育赛事，合办高水平运动队

教育和体育部门共同组织青少年体育赛事，共同对青少年进行训练，共同搭建面向全体学生的校园竞赛系统，共同制订竞赛奖励机制。打通学生运动员的人才上升通道，拓宽竞技体育人才发展空间。体教融合在原来的竞赛项目上进行进一步的整合，把体育和教育这两个方面许多独立的竞技项目整合到一起，也能让所有学生一同参与，在竞赛过程中选拔优秀竞技人才，打通优秀运动员的升学通道。教育体育部门共同构建完整的校园体育竞赛体系，共同组织比赛，学生在训练的过程中就可以拥有更加完善的机制。促进体校教育全面提升，进一步贯彻落实强化体校学生或运动员文化教育的理念，用体育和教育资源共同推进体校的全面改革，实现中小学教育资源与体校教育深度融合。体教融合将全员竞赛纳入学校体育工作，拓展学校体育工作边界。建立优秀退役运动员进学校执教的准入标准，使学生得到更专业系统的训练，树立学生规则意识，培育完善人格和坚韧意志品质。竞赛是体育活动的核心，将全国青年运动会与全国学生运动会合并，对教育部门的学校赛事与体育部门的系列赛事进行整合，由教育部门统一组织竞赛。体育部门和教育部门整合各方场地设施、师资、竞赛等资源，共同建设高水平运动队，将其纳入我国竞技体育人才培养序列，与省队、国家队有机衔接。

2. 大力开展体育赛事

大力组织校内体育竞技比赛，有两个方面的好处。一是便于选择优秀的运动员，让有天赋的学生得到更好的培养；二是有助于提高全体学生的运动热情，激励他们运动起来。而积极组织学生参与政府、教育或体育部门及社会组织举办的区域性体育赛事，也是有两个方面的好处，一是通过竞技比赛的激励，让学生更加勤于练习；二是对于专业体育生来说，这样大型的竞赛也给他们提供了展示的舞台，使他们在训练的时候更加热情、更加积极。

3. 加强高水平运动队建设

高水平运动队是培养体育人才的第一梯队。高水平队的培养应该从以下三个方面着手：第一，要重视高水平运动队的培养，选拔机制应该进行改革，本着更加公平、更加科学的选拔机制，为国家或地方体育人才充实后备力量，把学生作为参加国际竞技体育比赛的后备军；第二，要加大对高水平运动队的支持，无论是经费问题还是管理问题，都应该给予更大的帮助；第三，高水平运动队除了要提高体育水平，文化水平也不能落下，只有通过合理的安排，文化训练两手抓，才能培养出国家需要的复合型人才。

参考文献

[1] 李科.高校体育改革践行体教融合路径研究 [M].长春：吉林大学出版社，2023.

[2] 石陆.体教融合下的青少年全面健康与发展研究 [M].长春：吉林大学出版社，2021.

[3] 张娅，齐海杰.体教融合下大学生体育教学研究 [M].长春：吉林出版集团股份有限公司，2022.

[4] 王迪.体教融合下大学体育与健康 [M].北京：北京体育大学出版社，2022.

[5] 林晓滔.体教融合背景下学校体育的发展与创新思考 [M].北京：人民日报出版社，2022.

[6] 张琦，柴猛.大学体育教学改革与创新 [M].长春：吉林科学技术出版社，2020.

[7] 谷茂恒，姜武成.高校体育教学评价体系的构建 [M].北京：中航出版传媒有限责任公司，2019.

[8] 宁钢，冯浩.人才培养与教学改革 [M].南昌：江西高校出版社，2018.

[9] 曹宏宏.高校体育与健康课程教学实践改革研究 [M].长春：吉林出版集团股份有限公司，2018.

[10] 蒋宁.传统与现代交汇下的体育教学改革探索 [M].成都：西南交通大学出版社，2016.

[11] 刘昭君，李政，何易天.体教融合背景下体育教育专业人才培养改革研究 [J].武术研究，2024，9（03）：145-148.

[12] 陈泽璇，李晓雪，庄薇.体教融合背景下我国退役运动员转型学校体育从教人员的困境与路径 [J].体育科技文献通报，2024，32（02）：180-183.

[13] 肖瑶，王茜.体教融合背景下高中体育教学改革的价值、现状与实施策略 [J]. 当代体育科技，2024，14（04）：118-121.

[14] 刘莉媛.青少年体育赛事体系完善的路径分析 [J]. 文体用品与科技，2024（03）：20-22.

[15] 万炳军，徐杰."体教融合"视域下青少年运动员培养中家庭融合的困境及化解路径 [J]. 天津体育学院学报，2024，39（01）：49-55；63.

[16] 万晓红，李硕，李京宇.以体育践初心，以服务砺青春 [J]. 中国研究生，2024（01）：74-75.

[17] 舒宗礼，夏贵霞.基于中央、地方与基层组织协同的体教融合治理研究 [J]. 北京体育大学学报，2024，47（01）：107-119.

[18] 张龙.人的全面发展：体教融合的价值依归与实践向度 [J]. 广州体育学院学报，2023，43（06）：103-111.

[19] 张益铭，殷明越，刘骞.体教结合向融合之嬗变：发展态势、主题演化与进路展望 [J]. 湖北体育科技，2024，43（01）：28-35.

[20] 姚潇治，王子怡，李雅雯，等.体教融合视域下我国竞技体操后备人才培养实践启示——基于武汉体育学院体操学校的质性研究 [J]. 武汉体育学院学报，2024，58（01）：89-96.

[21] 屈梦飞.体教融合背景下体育教育专业学生关键能力指标体系构建研究 [D]. 武汉：武汉体育学院，2023.

[22] 刘孟璠.体教融合对大学生完全人格塑造的实证研究 [D]. 贵阳：贵州大学，2022.

[23] 胡梦雅.协同治理视角下"体教融合"的发展路径研究 [D]. 杭州：杭州师范大学，2022.

[24] 杨港晨.社会力量参与体教融合的模式研究 [D]. 武汉：武汉体育学院，2022.

[25] 贺俊龙.体教融合背景下我国高校高水平篮球运动员培养研究 [D]. 武汉：武汉体育学院，2022.

[26] 杨丽.体教融合背景下青少年运动员社会适应能力影响因素研究 [D]. 南京：南京体育学院，2021.

[27] 高杰.“体教融合”视域下高中体育教师课堂教授运动技能有效性的影响因素研究 [D]. 西安：陕西师范大学，2021.

[28] 周莎.体教融合背景下高校体育竞赛体系构建研究 [D]. 杭州：杭州师范大学，2021.

[29] 周文青.“体教融合”体制难点及制度设计研究 [D]. 南京：南京大学，2014.

[30] 吴建喜.论“体教结合”向“体教融合”的转变 [D]. 北京：北京体育大学，2009.